AS NOVAS REGRAS DO E-COMMERCE

As lições do CEO da Rakuten e Kobo para o negócio digital sem fronteiras no século XXI

CB062822

AS NOVAS REGRAS DO E-COMMERCE

As lições do CEO da Rakuten e Kobo para o negócio digital sem fronteiras no século XXI

Hiroshi Mikitani

Tradução de Sabine Alexandra Holler

Do original: *Marketplace 3.0*
Tradução autorizada do idioma inglês da edição publicada por Palgrave Macmillan
Copyright © 2013, by Hiroshi Mikitani

© 2014, Elsevier Editora Ltda.

Todos os direitos reservados e protegidos pela Lei nº 9.610, de 19/02/1998.

Nenhuma parte deste livro, sem autorização prévia por escrito da editora, poderá ser reproduzida ou transmitida sejam quais forem os meios empregados: eletrônicos, mecânicos, fotográficos, gravação ou quaisquer outros.

Copidesque: Victória Bianca Adler
Revisão: Tássia Hallais
Editoração Eletrônica: Estúdio Castellani

Elsevier Editora Ltda.
Conhecimento sem Fronteiras
Rua Sete de Setembro, 111 – 16º andar
20050-006 – Centro – Rio de Janeiro – RJ – Brasil

Rua Quintana, 753 – 8º andar
04569-011 – Brooklin – São Paulo – SP – Brasil

Serviço de Atendimento ao Cliente
0800-0265340
atendimento1@elsevier.com

ISBN 978-85-352-7619-0
ISBN (versão digital): 978-85-352-7620-6
Edição original: ISBN: 978-0-230-34214-9

Nota: Muito zelo e técnica foram empregados na edição desta obra. No entanto, podem ocorrer erros de digitação, impressão ou dúvida conceitual. Em qualquer das hipóteses, solicitamos a comunicação ao nosso Serviço de Atendimento ao Cliente, para que possamos esclarecer ou encaminhar a questão.
 Nem a editora nem o autor assumem qualquer responsabilidade por eventuais danos ou perdas a pessoas ou bens, originados do uso desta publicação.

CIP-Brasil. Catalogação na Publicação
Sindicato Nacional dos Editores de Livros, RJ

M58n
 Mikitani, Hiroshi
  As novas regras do e-commerce: as lições do CEO da Rakuten e Kobo para o negócio digital sem fronteiras no século XXI / Hiroshi Mikitani. – 1. ed. – Rio de Janeiro: Elsevier, 2014.
  240 p.; 23 cm.

  Inclui índice
  ISBN 978-85-352-7619-0

  1. Comércio eletrônico – Brasil – Administração – Estudos de casos. I. Título.

13-06599
 CDD: 658.84
 CDU: 658.86/.87

Agradecimentos

Muitas pessoas contribuíram para a elaboração deste livro, e gostaria de aproveitar a oportunidade para dar-lhes o devido crédito e expressar meu agradecimento por seus esforços.

Vários membros da equipe da Rakuten dedicaram seu tempo, habilidade e empenho a este texto. Gostaria de agradecer ao gabinete do CEO, e às equipes de Marketing Global e de Relações Públicas, bem como a todos os executivos que contribuíram com seu tempo e esforço para realizar entrevistas e outras tarefas críticas.

Também gostaria de agradecer aos indivíduos de fora da Rakuten por terem se unido ao projeto de transformar este livro em realidade.

Agradeço minha agente Leah Spiro, da Riverside Creative Management, por sua orientação. Agradeço também a Emily Carleton e sua equipe na Palgrave Macmillan por ter acreditado no projeto e orientado o trabalho até sua publicação. Meus agradecimentos também vão para Ellen Neuborne por sua colaboração na redação do texto.

Agradeço ainda à minha família por sua inspiração e apoio.

Para concluir, gostaria de agradecer aos vários usuários e parceiros da Rakuten que acreditaram que a internet poderia mudar o mundo e uniram seus esforços aos nossos para que isso se tornasse realidade. Estou orgulhoso desse sucesso e aguardo as coisas ainda mais estimulantes que criaremos no futuro.

Sumário

Agradecimentos — v

Introdução — **Por que reescrever as regras?** — 1

1 — **Reescrevendo as regras da linguagem** — 5
Nossa jornada para a "inglesificação"

2 — **Reescrevendo as regras do poder** — 25
A sabedoria do empoderamento

3 — **Reescrevendo as regras da expansão** — 49
A internacionalização

4 — **Reescrevendo as regras de aquisições** — 81
A aquisição de empresas

5 — **Reescrevendo as regras da cultura corporativa** — 99
Nossos cinco princípios

6 — **Reescrevendo as regras da internet** — 123
Uma ferramenta de empoderamento, rapidez e alegria

7 — **Reescrevendo as regras do e-commerce** — 153
Discovery shopping

8	**Reescrevendo as regras de funcionamento**	169
	Rapidez, rapidez, rapidez!	
9	**Reescrevendo as regras da doação**	199
	A nova onda do envolvimento com a comunidade	
Conclusão	**O que acontece a seguir**	219
	A marca como nação	
Índice		227

Introdução
POR QUE REESCREVER AS REGRAS?

Em 1996, aos trinta e um anos, fiz o impensável. Deixei meu emprego no Banco Industrial do Japão.

Afirmar que isso quebrou uma "regra" do comportamento tradicional observado nas empresas japonesas seria um eufemismo. O caminho do sucesso no Japão está bem consolidado e tem sido reverenciado há muito tempo: destaque-se na escola, garanta um emprego em uma empresa de prestígio, vá progredindo na carreira, e vincule seu sucesso ao da empresa. Esta é a própria definição de sucesso no mundo dos negócios no Japão. É isso que inúmeros estudantes almejam quando se debruçam sobre seus livros todos os dias.

E ainda assim, quando pedi demissão, poucos dos que me conheciam ficaram surpresos.

"Achamos que você poderia fazer isso", meu pai me disse.

"Você voltará a fazer negócios conosco um dia", meus superiores no banco disseram.

"É o jeito do Mikitani – o que você esperava?" disseram muitos dos meus amigos e colegas.

Minha decisão não tinha sido precipitada. Era uma decisão sobre a qual eu vinha pensando naquele ano, após um acontecimento drástico em minha vida. Em 1995, o terremoto Hanshin atingiu o oeste do Japão, devastando a cidade onde eu tinha passado a infância – e onde os meus pais e outros parentes ainda residiam. Embora meus pais tenham sobrevivido, alguns dos meus outros parentes não tiveram a mesma sorte. Lembro-me de ter procurado desesperadamente minha tia e tio depois do terremoto, e de quando finalmente encontrei seus corpos em uma escola, transformada em um necrotério temporário. Percebi naqueles dias como a vida é frágil, como temos apenas uma vida, que deve ser vivida ao máximo – não um dia no futuro, mas agora.

Minha experiência após o terremoto ajudou a solidificar o processo que estivera vivenciando. Ao longo da minha vida, da época de estudante, passando pelos anos iniciais da minha empresa até meu *status* de CEO e líder empresarial hoje, tenho considerado que a maioria das regras existe para que sejam questionadas e, quando necessário, reescritas; a partir desses elementos, podemos moldar maneiras novas e melhores de alcançar o sucesso.

Enveredei cedo por esse caminho. No ensino médio, fiz parte da equipe de tênis. Não fiquei muito tempo lá – não por culpa das minhas habilidades como jogador, mas porque eu não estava disposto a seguir a tradição do clube que exigia que os jogadores mais jovens fossem os gandulas dos jogadores mais experientes. Mais tarde, na universidade, quando cheguei ao posto de capitão do time, a primeira coisa que fiz foi abolir a regra. Todos poderiam correr atrás das próprias bolas de tênis, o resultado seria o mesmo. A regra não fazia sentido, precisava ser extinta.

Nos primeiros dias da Rakuten, quando lançamos nosso primeiro shopping na internet, demos aos nossos varejistas a possibilidade de personalizar seus sites. Eles podiam fazer alterações, comercializar, precificar os produtos, e operar segundo seus próprios objetivos e processos. Foi ultrajante, até para os varejistas que recrutamos como nossos primeiros comerciantes. Eles nunca tinham ouvido falar de algo parecido. Os veteranos da indústria de varejo diziam que os shoppings precisavam ser padronizados e controlados. Essa regra de padronização, porém, parecia antiquada para mim. Era hora de reescrevê-la.

Aqui está uma regra mais recente: nas empresas japonesas, a conduta dita que todos devem tratar de negócios no idioma japonês. Quebrei essa regra quando anunciei no ano passado que o primeiro e único idioma da Rakuten seria o inglês. Ainda estou no meio do processo de desmantelar o antigo sistema em favor da minha nova visão, e nem todo mundo está contente com isso. Quebrar as regras nem sempre é rápido e fácil.

Ainda assim, é algo necessário no mundo dinâmico de transformação em que vivemos hoje. Na Rakuten, pensamos que a empresa está na vanguarda da mudança que se anuncia. Se o 2.0 descreveu a forma como a vida digital deslocou-se para a web, então o 3.0 é a próxima grande mudança – a evolução impulsionada pela personalização, pela busca inteligente e pelo comportamento do usuário. Damos a este livro a referência 3.0 para estabelecer seu lugar no *continuum* digital e posicioná-lo para conduzir a experiência online para o futuro. Mais mudanças ocorrerão.

Tenho certeza de que enfrentarei e desafiarei muitas outras regras em meu caminho. O que começou como minha filosofia pessoal de sucesso transformou-se em minha missão corporativa e visão de mundo.

Contudo, para quebrar as regras da maneira certa, é preciso fazê--lo bem feito. Neste livro, apresentarei por que e como faço isso, e de que modo essa estratégia subjaz todo o meu sucesso pessoal e profissional. Espero que outros vejam o caminho que estou seguindo e o considerem como uma possibilidade para seu próprio trabalho.

Não estou sugerindo um mundo de negócios sem regras. Longe disso. Minha empresa está tão estruturada e orientada para processos quanto qualquer outra. Acredito em ter diretrizes para tudo, da reunião de planejamento até a introdução de novos produtos. Não há lucro na anarquia.

No entanto, minha experiência mostra que a cega adesão ao senso comum – o modo como as coisas sempre foram feitas – é uma prisão para a empresa. As regras antigas podem ter nos levado a certo nível de sucesso, mas, para progredirmos, é preciso deixar algumas delas de lado. Muitas vezes, essas regras antigas e reverenciadas estão profundamente entrelaçadas com a cultura da empresa, até mesmo do país. Elas não são facilmente desafiadas, nem são facilmente mudadas. Contudo, se conseguirmos reconfigurar as antigas maneiras de pensar e de nos comunicar, os resultados podem ser impressionantes. Essa tem sido a minha experiência. Essa tem sido a experiência da Rakuten. Espero ver essa experiência replicada muitas vezes pelo mundo inteiro.

1
REESCREVENDO AS REGRAS DA LINGUAGEM

NOSSA JORNADA PARA A "INGLESIFICAÇÃO"

Procure se lembrar de seus dias de estudante, de sua adolescência. Recorde-se do que você estudou durante aqueles anos. Seu currículo provavelmente contemplava matemática, ciências, literatura, história. Também é provável que tenha estudado uma língua estrangeira.

Em sua aula de língua estrangeira, talvez tenha aprendido conversação básica – as frases que um turista usaria. Talvez até tenha lido alguma obra de literatura escrita nesse idioma, ou estudado a cultura do país. Em algum ponto, atingiu a proficiência na matéria, e então a deixou de lado.

Agora, muitos anos depois, imagine que ao chegar ao trabalho o chefe anuncia que toda a empresa terá de converter todos os aspectos do negócio para esse idioma do qual tem vagas lembranças da adolescência. Logo agora. Hoje. Seu idioma materno não seria mais usado; o idioma estrangeiro o havia substituído.

Como se sentiria depois de ouvir esse anúncio?

Mesmo se tivesse sido um aluno com notas excelentes na escola, provavelmente ficaria muito chocado. Eu sei. Foi o que vi nos rostos de meus funcionários no dia em que anunciei, em 2010, que a Rakuten iniciaria uma jornada que chamo de "inglesificação". Eu disse aos meus sete mil funcionários – em sua maioria falantes nativos de japonês – que interromperíamos o que eles vinham fazendo durante todas as suas vidas profissionais e faríamos uma transição imediata, passando a fazer negócios em inglês.

Fiz este anúncio em inglês. Fiz a reunião de diretoria daquele dia em inglês. Vinte e quatro horas após meu anúncio, todos os avisos na sede, dos elevadores até a lanchonete, tinham sido versados do japonês para o inglês. A notícia foi da sede da Rakuten em Tóquio até os escritórios globais na França, Estados Unidos e Taiwan. Eu estava falando sério. A Rakuten teria um novo idioma oficial.

Eu sabia que meu anúncio seria recebido com ceticismo e até amargura. Um colega CEO japonês chegou a chamar meu plano de "estúpido". Os executivos japoneses não costumam criticar-se mutuamente na imprensa, de modo que o fato de terem publicado isso foi uma enorme indicação de como minha ideia era polêmica.

Aceitei as reações, mas não permiti que me fizessem mudar de ideia. Eu sabia que a inglesificação não era apenas uma boa ideia, mas uma iniciativa crítica. Eu não estava apenas fazendo uma mudança; eu estava fazendo uma defesa. Isso tinha que ser feito, e feito rápido. O futuro da Rakuten e o futuro dos negócios japoneses estavam em jogo. Eu podia até ver que o progresso da globalização – a maneira pela qual o mundo fará negócios como uma entidade única – dependia do avanço desse conceito. Não me intimidei. A inglesificação é uma ideia radical. É tão sem precedentes que precisei inventar uma palavra para explicá-la. Mas isso representa muito mais do que uma estratégia de comunicação. Eu a lancei para interromper um processo condenado e substituí-lo por uma funcionalidade mais rápida, mais global, e mais sem fronteiras. Neste capítulo, vou apresentá-lo a meu pensamento, à experiência da Rakuten, e por que, mesmo depois de tudo o que aconteceu, acredito que a inglesificação não é apenas uma medida inteligente, mas necessária. E não apenas para a Rakuten, mas para a sociedade em geral.

E POR QUE INGLÊS?

Por que não chinês? Um número muito maior de pessoas no planeta fala chinês.

Não escolhi o inglês por causa do número de falantes no mundo – embora seja um número significativo. Escolhi o inglês por várias outras razões.

A primeira tem a ver com uma tendência de negócios. O inglês é a língua comum dos negócios globais. Quando falantes de todos os idiomas se reúnem para fazer negócios, o inglês costuma ser a língua que compartilham. Isso é especialmente verdadeiro nas finanças e na engenharia. Muitos profissionais de alto desempenho nessas áreas vieram de escolas e universidades onde se falava inglês. Provavelmente tenham vindo de vários países com muitas tradições linguísticas diferentes, mas o idioma do laboratório, da sala de conferências, e das feiras e eventos comerciais era o inglês. Estavam fazendo negócios em inglês em todo o mundo. Exceto no Japão.

Como uma nação insular, o Japão conseguiu criar sua própria bolha linguística. Embora os estudantes japoneses precisassem estudar cerca de seis anos de inglês no ensino fundamental e médio, não eram obrigados a continuar seus estudos e, por isso, poucos adultos sabiam conversar em inglês. É certo que poucos japoneses foram convidados a realizar tarefas profissionais complexas ou exigentes em inglês. Como a economia do Japão é substancial, a maioria de seus cidadãos pode atravessar sua vida profissional comunicando-se somente em japonês. Tem sido assim há algum tempo.

Mas a globalização mudou a matriz. O mundo estava se movendo para uma experiência econômica de menos fronteiras, e as empresas japonesas, agarradas à língua japonesa, estavam ficando de fora. Eu conseguia perceber isso com clareza de minha posição de executivo. Não estávamos nos comunicando com a rapidez e eficácia necessárias, porque estávamos insistindo em um ambiente de trabalho que usava a língua japonesa. Apenas o ato de tradução já acrescentava mais tempo a qualquer processo. Um tempo que não tínhamos mais. Quando olhei para além das fronteiras da minha empresa e de meu país, ficou evidente que não podíamos nos dar ao luxo de ficar de fora dessa tendência global.

Há outra razão, mais entrelaçada nos meandros das duas línguas, que me levou para o inglês. O japonês é uma língua rica em estruturas hierárquicas. Nas conversas em japonês, muitas vezes há uma relação de poder em andamento. Os interlocutores talvez precisem esclarecer a idade, a formação acadêmica e a linhagem – tudo através da escolha de palavras, da estrutura da frase e flexibilidade da conversa. Esta é uma parte do idioma sobre a qual os falantes japoneses têm grande consciência e na qual se engajam todos os dias.

O inglês, por outro lado, é um idioma que tem poucos marcadores de poder. Ao usar o inglês, eu acreditava que poderíamos quebrar as barreiras e trabalhar mais rápido. A transição seria mais do que apenas linguística; seria cultural. O uso do inglês nos permitiria tirar proveito de duas funções-chave da comunicação em inglês – a rapidez e a utilidade – e de um idioma que não se restringe por normas culturais.

MINHA HISTÓRIA COM O INGLÊS

A inglesificação não nasceu graças ao meu afeto pessoal pelo idioma. Eu não o coloco acima de outras línguas, como um idioma melhor ou mais bonito. O inglês, para mim, sempre foi uma língua de utilidade.

Minha primeira exposição direta veio aos sete anos, quando morava com meus pais em Connecticut. Meu pai era um professor visitante na Yale University. Fui inserido em um ambiente escolar em inglês sabendo três palavras: *yes, no* e *bathroom*. Vivemos nos Estados Unidos por dois anos, e como acontece com as crianças, logo peguei as habilidades de conversação dos meus colegas de escola.

Quando voltei para o Japão com minha família, minhas habilidades de conversação foram desaparecendo, e acabei como a maioria dos estudantes japoneses: proficiente em inglês técnico escrito – em gramática, ortografia e convenções de escrita. Mas nas habilidades de fala, que não eram muito valorizadas em meu ambiente, fiquei para trás. Foi só na universidade, quando almejei ir para os Estados Unidos a fim de fazer uma pós-graduação em negócios, que dediquei meus esforços em melhorar todos os aspectos do meu inglês. Fiz isso porque tinha um objetivo que queria alcançar, e o inglês era uma ferramenta necessária para alcançá-lo. Quando desenvolvi a inglesificação para a Rakuten, passei pelo mesmo processo. Mas em vez de estabelecer uma meta para mim, eu a defini para toda a empresa.

MEU MOMENTO EURECA!

Embora o desenvolvimento de meus conhecimentos de inglês possa ter sido gradual, minha visão para a inglesificação não foi.

Atingiu-me com tanta clareza e intensidade que não perdi tempo pesquisando e analisando o assunto. Apenas segui em frente.

Eu vinha pensando sobre como poderíamos nos tornar uma empresa global mais bem sucedida e também a enorme barreira linguística que havia se desenvolvido entre nossa sede e nossos escritórios em subsidiárias fora do Japão. Quanto mais nos expandíamos no mundo, mais a barreira do idioma representava um problema. Em 2005, a Rakuten comprou a principal empresa de marketing afiliado dos EUA, a LinkShare Corporation. Chegamos a Taiwan em 2008 e na Tailândia em 2009, estabelecendo centros comerciais na Internet em cada mercado, como a Rakuten Ichiba no Japão. Os negócios estavam indo bem, mas eu não conseguia deixar de pensar que poderíamos funcionar com mais eficiência do que tínhamos. Cada vez mais, acreditava que nossas ineficiências estavam enraizadas no idioma que usávamos.

Veja o caso do treinamento, por exemplo. Imagine que queiramos que um membro da equipe de uma das nossas subsidiárias no exterior ou empresas afiliadas venha ao Japão para aprender sobre o modelo de negócio da Rakuten Ichiba. Nesses casos, pediríamos que falasse com os responsáveis por cada departamento no Japão com a ajuda de um intérprete. A colocação de um intérprete entre as duas partes diminuía o ritmo da compreensão mútua. Não havia qualquer rapidez e, além disso, a interpretação não propiciava a sensação, para ambos os lados, de que trabalhavam na mesma equipe.

Isso ia contra os temas centrais de nossa empresa. À medida que nos expandíamos, o fluxo de trabalho de cada integrante da Rakuten era totalmente integrado ao nosso sistema de TI. Isso talvez não surpreenda ninguém, uma vez que somos uma empresa de Internet. Mas o que eu quero dizer é que, ao contrário do passado, quando nos comunicávamos por telefones e aparelhos de fax, nos dias de hoje toda a nossa comunicação é feita por e-mail ou por nossa rede social interna.

No entanto, à medida que nos empenhávamos para chegar à integração plena, encontrávamos uma barreira linguística. Apesar de poder me comunicar pela Internet com todas as empresas do grupo – não apenas no Japão, mas nas subsidiárias no exterior também – no passado, os funcionários em outros países recebiam minhas mensagens através de interpretação ou tradução. No sentido inverso, as mensagens provenientes do exterior eram traduzidas do inglês para o japonês e repassadas para os funcionários no Japão. Isso demandava tempo e esforço. Apesar de ter uma infraestrutura estabelecida que deveria ter possibilitado nossa comunicação instantânea, não estávamos fazendo uso dela.

Além do mais, eu conseguia perceber que essa questão só ficaria mais problemática. Eu sabia que se quiséssemos continuar a criar serviços originais, precisaríamos contratar os melhores e mais geniais de todo o mundo, e não apenas os do Japão. A língua japonesa dificultava o processo. Eu não podia aceitar o fato de que seríamos obrigados a deixar de contratar um candidato promissor só porque não falava japonês. E, ao mesmo tempo, eu sabia que precisávamos aumentar o número de funcionários que falavam inglês. Quanto mais eu pensava nisso, mais preocupado ficava. Até aquele momento, eu achava que poderíamos continuar a fazer negócios em japonês, e que não precisávamos mesmo do inglês. Eu estava tão convicto disso que tinha exigido que os funcionários estrangeiros da Rakuten começassem a fazer aulas de japonês. Todavia, à medida que chegávamos a um estágio em que seria preciso levar a expansão no exterior a sério, percebi que a capacidade de comunicação em inglês seria uma necessidade absoluta se quiséssemos atuar globalmente.

A solução me veio enquanto eu observava as pessoas que tínhamos recrutado do exterior fazer a transição para a Rakuten. À medida que nos tornávamos mais globais, mais pessoas de outros países e tradições linguísticas diferentes entraram para a nossa empresa, e comecei a ver que aquilo que nós, no Japão, considerávamos um desafio intransponível, não era visto da mesma forma em outras culturas. Fiquei impressionado, por exemplo, com a rapidez com que os engenheiros que contratamos da Índia estavam aprendendo japonês. Poucos meses depois de contratados, já conseguiam conversar em japonês. Agora percebia que indivíduos motivados e inteligentes poderiam alcançar a proficiência em um idioma novo em um tempo relativamente curto. Então, quando tive a ideia da inglesificação, aproveitei essa comprovação. Sempre fui um empreendedor, e estou acostumado a ter uma ideia em um dia e me atirar nela no dia seguinte. Vou direto da ideia à ação. Não encomendei um estudo, organizei um grupo de pesquisa, ou fiz uma pesquisa. Se eu tivesse perguntado o que 100 pessoas achavam da minha ideia de se comunicar em inglês, 99 teriam me dito que eu estava louco. Mas estariam equivocadas. Assim, não perdi tempo em discussões que, eu sabia, resistiriam ao escopo e ao desafio de meu plano. Eu sabia que parecia loucura, mas também sabia que era a resposta certa. Sem qualquer preparação, em nossa reunião normal das segundas-feiras, contei a meus executivos que queria fazer isso.

E então, o que talvez foi ainda mais ambicioso, estabeleci um prazo. Dois anos após o meu anúncio, todos os funcionários da Rakuten precisariam obter mais de 600 pontos no teste TOEIC (Test of English for International Communication), de 990 pontos possíveis. Os gerentes teriam de obter uma pontuação muito maior no TOEIC; os gerentes juniores precisariam ter uma pontuação mínima de 650, os gerentes de nível médio 700, e os gerentes de nível mais alto, uma pontuação de 750. Aqueles que não obtivessem a pontuação mínima correriam o risco de serem preteridos para uma promoção ou de serem rebaixados.

O PLANO

Implementamos a inglesificação em três fases.

A Fase 1 consistia na avaliação. Isso incluía o TOEIC – um teste de inglês sobre leitura e compreensão auditiva, com duas horas de duração. Em muitas empresas japonesas, o teste geralmente ocorria apenas no final do processo. Mas eu queria que a inglesificação seguisse uma abordagem científica, que determinasse que primeiro compreendêssemos nossas capacidades básicas. Os funcionários que obtivessem uma pontuação baixa seriam obrigados a fazer um teste mensal administrado pelo computador, para inspirá-los e acompanhar o seu progresso.

A ênfase da Fase 2 era na educação sobre o idioma inglês. Convidamos palestrantes e realizamos outros eventos para envolver os funcionários no processo de inglesificação. Incentivamos os empregados a se matricular nas aulas de inglês. Também promovemos mudanças dentro de nossa empresa. Mudamos a sinalização na sede e o idioma dos documentos, tanto internos quanto externos. Eu falava inglês com os funcionários, não importava em que lugar do mundo estivesse – Japão, Indonésia, Brasil...

A Fase 3 teve como objetivo levar as pessoas a usar seus conhecimentos de inglês no local de trabalho. Avaliadores participavam das reuniões de negócios para dar feedback sobre o uso do idioma. Debates eram organizados para incentivar os funcionários a se comunicar em inglês uns com os outros.

E O QUE ACONTECEU DEPOIS?

O impacto da inglesificação começou a se disseminar imediatamente e não parou. Tornou-se uma força dentro da empresa, e tem gerado efeitos em cascata além de nossas fronteiras institucionais, e até mesmo ao redor do mundo.

O primeiro resultado veio poucas horas depois do meu primeiro anúncio. A Rakuten havia passado o ano anterior fazendo uma série de aquisições e outras expansões. Tínhamos crescido, evoluído e introduzido uma série de novos produtos. Mas nada fez nossa marca progredir tão rápido e com tanta certeza quanto a inglesificação. Ganhamos destaque imediato na mídia internacional.

A comunidade global de mídia estava fascinada. Mais de 100 matérias foram feitas, em veículos de mídia que iam desde a CNN até o *Wall Street Journal*, além dos principais veículos asiáticos. E como mencionei, alguns de meus colegas no Japão não ficaram impressionados, e suas declarações aos jornalistas só alimentaram o falatório. A inglesificação chamara mais atenção do que qualquer uma de nossas recentes aquisições no exterior, não importava seu tamanho. Meu diretor de publicidade e mídia aplaudiu essa medida para impulsionar nossa marca internacional. Disse que não tínhamos recebido tanta atenção positiva desde que eu comprara um time de beisebol, há sete anos.

Ser o assunto desse tipo de matéria tem vantagens e desvantagens. Pode ser uma distração – uma ênfase em apenas um elemento de nossa empresa, e não no todo orgânico. Mas também pode ser um aspecto bastante positivo. Com a inglesificação, a notoriedade da Rakuten aumentou significativamente no radar global. Se antes já éramos conhecidos pelo Japão e por nossos parceiros internacionais, agora estávamos muito mais visíveis ao redor do mundo. A inglesificação posicionou a Rakuten como uma empresa pronta e em condições de fazer negócios com a comunidade global. Não éramos uma empresa insular em uma nação insular. Fazíamos parte da conversa global. Isso nos ajudou a negociar acordos, a atrair os melhores talentos do mercado global para nossa empresa, e a nos tornarmos uma voz de liderança no mundo dos negócios internacionais.

A inglesificação também nos tornou uma empresa à que as pessoas deveriam prestar mais atenção. Quando as firmas fazem coisas interessantes e inovadoras, as outras assistem e aprendem com suas experiências. Quando lançamos a inglesificação, tornamo-nos uma empresa assim. Tive certeza disso quando a universidade pela qual me formei, a Harvard Business School, entrou em contato comigo para fazer da Rakuten e da inglesificação o tema de um de seus estudos de caso.

Muitas empresas sonham em ser o tema de um estudo de caso da HBS. É uma marca de distinção estar entre o seleto grupo de companhias dignas de serem avaliadas pelas melhores mentes do mundo dos negócios. Quando a HBS entrou em contato, ressaltou que o que estávamos tentando na Rakuten não era apenas um projeto corporativo interno, mas uma mudança sísmica no segmento. Não estávamos realizando essa experiência apenas para nosso próprio aperfeiçoamento, ou até mesmo para melhorar nossos resultados financeiros. Agora também estávamos prontos para ser uma ferramenta de ensino para a comunidade internacional de negócios.

O IMPACTO DA INGLESIFICAÇÃO

A inglesificação reformulou rapidamente nossa comunicação interna. Vejo o impacto nas interações diárias. Recentemente, eu estava em nossa subsidiária em Paris, quando surgiu uma pergunta para nossa equipe de marketing. Antes da inglesificação, tínhamos de procurar alguém que falasse inglês para facilitar o processo de dar uma resposta. Agora, a pessoa com a indagação pode pegar o telefone e perguntar – sem perder um minuto. É uma melhoria inegável.

Nem todas as melhorias são imediatamente aplaudidas, no entanto. Por exemplo, nossos funcionários nos Estados Unidos, que trabalham em Nova York, descobriram que teriam de aumentar seu horário de trabalho para dar conta do aumento do número de telefonemas que chegavam do Japão quando era mais tarde nos Estados Unidos. Antes da inglesificação, havia menos contato individualizado. A comunicação muitas vezes transcorria por e-mails e memorandos, para dar tempo de traduzir o texto. Os funcionários norte-americanos tinham menos motivos para ficarem perto do telefone, uma vez que qualquer comunicação com o Japão poderia demorar um dia ou dois para se desenvolver. Com a inglesificação em andamento, os telefones tocavam com mais frequência. A comunicação era mais imediata. Talvez isso não seja bom se você estiver trabalhando na Costa Leste, tentando chegar em casa mais cedo. Mas para o negócio, foi uma vantagem. As interações entre funcionários em países diferentes, que costumavam demoravam dois ou três dias, passaram a levar dois ou três minutos. A melhora na rapidez foi impressionante, para dizer o mínimo.

Contudo, não foi fácil. Na primeira semana depois do anúncio sobre a inglesificação, os materiais e apresentações nas reuniões de diretoria foram versadas para o inglês. Como dizem no Japão, "deixe que o primeiro a sugerir algo seja o primeiro a executá-lo".

O que mais incomodou as pessoas no começo era quando alguém fazia uma pergunta. Tudo corria bem quando alguém perguntava algo parecido com as perguntas imaginadas de antemão, mas de vez em quando as pessoas faziam perguntas sobre assuntos completamente inesperados. Responder a uma pergunta de improviso em inglês requer certo nível de expressividade.

No início, era muito comum para aqueles executivos que não tinham um inglês muito bom hesitar ou gaguejar ao responder. As reuniões muitas vezes tinham um clima estranho. Havia até alguns executivos que perguntavam se poderiam falar certas coisas em japonês e, em seguida, mudar imediatamente para o inglês. Claro, minha resposta era sempre não. Naturalmente, existem certas frases relacionadas com questões como documentos legais japoneses ou documentos específicos de clientes e serviços nacionais que são difíceis de versar para o inglês, e nestes casos não há escolha a não ser usar o japonês. Porém, com exceção desses casos, eu pedia para que tudo fosse comunicado em inglês.

Por não permitir o uso do japonês, mesmo se a pessoa tivesse muita dificuldade em se expressar, eu esperava com paciência até que dissesse alguma coisa, e depois tentava dar-lhe uma mão, sugerindo o que eu achava que ele estava tentando dizer. Não há nada de estranho se as pessoas não conseguem participar de reuniões em inglês no começo. Eu achava que o mais importante era permitir que as pessoas se acostumassem com a ideia em si.

A primeira reunião de diretoria que tivemos em abril daquele ano levou quatro horas para ser concluída. Isso representa o dobro do tempo necessário. A lentidão, porém, era temporária. Em pouco tempo, começaram a surgir histórias de sucesso pessoal dentro da empresa. Tínhamos um gerente que, inicialmente, tinha pouco interesse em melhorar seu inglês. Quando fiz meu anúncio, ele supôs que isso significasse sua saída da empresa quando meu prazo chegasse. Ele acreditava que a ênfase no inglês, principalmente para os funcionários que não necessariamente usassem o idioma em seu trabalho diário, fosse uma distração para a empresa.

Mas seus olhos se abriram quando – por insistência de seu supervisor – arrumou tempo para frequentar um curso intensivo de inglês nas Filipinas. Lá, conheceu alunos de outros países – Coreia e China, por exemplo – que estavam comprometidos em aprender inglês para progredir na carreira e impulsionar suas empresas no mercado global. Essa experiência deu-lhe a perspectiva global que há muito tempo eu vinha defendendo: a visão do Japão envolvido com as empresas do mundo, e não permanecendo confinado à nossa ilha e à nossa economia interna. Esse gerente viu sua pontuação no TOEIC saltar 250 pontos em questão de meses. Porém, o mais importante foi que seus horizontes haviam se transformado. O inglês não melhorou apenas sua posição na empresa. Melhorou a posição da empresa no mundo. Essa foi uma constatação altamente motivacional.

Meu objetivo mais amplo é modelar esse processo para outras empresas no Japão. Como o gerente que supôs que a inglesificação era uma distração, muitas empresas no Japão estão satisfeitas em fazer negócios dentro de nossas fronteiras nacionais, e prestam pouca atenção às tendências globais. A inglesificação faz mais do que criar uma linguagem comum para os funcionários. Ela abre seus olhos para o que está acontecendo além das fronteiras do mundo de língua japonesa de uma forma nova e significativa.

Apenas por instituir a inglesificação em minha própria empresa, plantei a ideia de que isso poderia acontecer em outras empresas. E já comecei a ver a inglesificação assumir um papel de mais destaque – um papel de liderança – na economia japonesa. Rapidamente tornei-me porta-voz do conceito. Cada vez mais, fui convidado a participar nas discussões globais sobre o papel do idioma e da comunicação no mundo dos negócios, e como as empresas japonesas devem mudar para vencer na nova economia global. Tem sido uma evolução interessante, e tenho grandes esperanças de que isso não se limite a ser apenas uma discussão de negócios, mas um prenúncio do Novo Japão – uma mudança fundamental na forma como o país participa do cenário global.

OS DESAFIOS

Apesar de todo o impacto positivo da inglesificação, a missão não tem sido fácil. Quando me perguntam se algum aspecto do processo me surpreendeu até agora, respondo que o processo gerou mais stress do que eu esperava – stress sobre os indivíduos e também sobre a empresa.

O maior desafio foi o tempo. Eu havia definido um cronograma ambicioso, mas, claro, os funcionários da Rakuten ainda tinham que fazer seu trabalho. Foi pedido aos funcionários que estudassem inglês fora do horário de trabalho – reservamos salas de conferência para tal finalidade. Negociamos descontos para aulas de inglês após o expediente. Esse arranjo não agradou muito. Ouvi muitas queixas sobre o stress que a inglesificação estava gerando. Os funcionários reclamavam que tinham deixado de ter tempo para a família, para o sono.

Eu entendia o lado deles. Mas não desisti de meu objetivo. Não era uma mudança pequena em nosso negócio; era uma revolução. E nenhuma revolução é fácil.

Outro desafio foi a produtividade. Eu não podia negar que, por pressionarmos os falantes nativos de japonês a fazer negócios em inglês, a produtividade havia sido temporariamente afetada. Os funcionários levavam mais tempo para realizar suas tarefas.

Por fim, tive de enfrentar o impacto cultural do que havia determinado. Ao instituir a inglesificação, eu tinha rompido uma hierarquia tradicional em minha empresa e, de fato, em muitas empresas. Quando insisti que passássemos a usar o inglês, aqueles que já tinham conhecimentos de inglês conquistaram um status maior em detrimento daqueles menos qualificados. Imagine, por exemplo, um grupo de trabalho liderado por um gerente sênior na faixa dos quarenta anos e composto por trabalhadores mais jovens; isso poderia ser uma mudança significativa. Os trabalhadores mais jovens, mais perto de seus dias de escola, talvez tenham habilidades melhores em inglês do que seu gerente. O gerente, que sempre teve o controle de sua equipe, agora pode pensar que porque seu inglês não é tão bom, se sente menos confiante em seu papel de liderança e, talvez, até se sinta ameaçado por seus subordinados mais proficientes. O equilíbrio de poder também mudou em uma escala global. Os falantes nativos de inglês, ou indivíduos de um país com uma forte tradição no estudo do inglês, descobriram que passaram a ter uma vantagem na Rakuten. Fosse isso tecnicamente verdadeiro ou não, com certeza era uma preocupação que se disseminava entre os funcionários. Era uma questão que os deixava ansiosos e lhes trazia preocupações que antes não existiam.

Acabei tendo de encontrar uma maneira de incentivar meus funcionários a praticar seu inglês onde todos no ambiente de trabalho pudessem vê-los. Na sociedade japonesa, é muito importante evitar ser humilhado ou macular sua reputação. Ficou claro que alguns funcionários da Rakuten estavam evitando praticar seu inglês no ambiente de trabalho porque ele não era perfeito, e eles temiam ficar constrangidos ao cometer erros gramaticais. Tentei ser uma liderança nessa área. Brinquei que o padrão corporativo da Rakuten não era inglês, mas o inglês ruim. Comecei a entender que meu papel tinha de ir além de apenas conceber e lançar a inglesificação. Eu também teria de participar – persuadi-los a se aprimorar.

No ano após o anúncio, apesar de todos ainda lutarem com a imensidade da tarefa, eu já podia ver os resultados positivos. Mas também percebi quanto mais seria necessário para o projeto dar certo na escala global que eu imaginava.

Talvez aí tenham surgido meus momentos mais importantes de aprendizagem. Perto do final do primeiro ano do projeto, comecei a perceber a enormidade da tarefa. As pessoas precisavam de mais tempo para estudar e alcançar os objetivos exigidos. O Grande Terremoto do Leste do Japão e o impacto do tsunami me levaram a adiar por três meses a data de conclusão do projeto. Ainda era imperativo que todos fossem totalmente fluentes, o mais rapidamente possível. Mas toda experiência grandiosa, em algum momento, requer paciência, flexibilidade e realismo.

Apego-me a meus objetivos de inglesificação porque é uma mudança necessária para todos nós. Eu me recuso a desistir de alguém. Estou determinado a fazer tudo o que puder para ajudar todos a alcançarem o objetivo. Dediquei recursos adicionais para a inglesificação, como aulas gratuitas para aqueles que precisavam. Não podemos permitir que ninguém desista, se pudermos evitá-lo, porque há mais em jogo do que apenas o sucesso da Rakuten.

Estou orgulhoso de nossos resultados até agora. Mais de 90% de nosso pessoal atingiu as pontuações estabelecidas para os testes. Essa é uma boa notícia, mas também um lembrete de que devemos continuar com nossos esforços, tanto para o bem da Rakuten quanto pelo exemplo que estabelecemos para outras empresas. Isto é crítico para o Japão. Estamos em 13º lugar entre os países asiáticos quando se trata da aprendizagem do inglês. Estamos atrás da China. Estamos atrás da Coreia. Estamos muito atrás de países como Cingapura, Taiwan e Indonésia. Um dos meus maiores medos é que isso seja proposital – uma estratégia para manter o Japão do jeito que está agora, em uma bolha, sem participar plenamente da comunidade global. Ao enfatizar o idioma japonês, a mídia e os burocratas japoneses exercem um controle enorme sobre os cidadãos. Os japoneses não estão plenamente conscientes do que está acontecendo além de nossas fronteiras. Alguns podem ver isso como uma maneira de proteger o Japão de hoje, mas acredito que é uma das razões pelas quais algumas pessoas conservadoras não querem intensificar o ensino do inglês.

Mas esse plano já está condenado. A globalização dos negócios, da comunicação, de todos os tipos de interação nos mercados hoje, torna esse tipo de isolamento – essa qualidade congelada no tempo – impossível.

A internet mudou a economia do mundo de forma profunda e permanente. As economias que um dia funcionaram dentro das fronteiras nacionais estão agora entrelaçadas, graças ao e-commerce (comércio eletrônico) e ao livre fluxo de informações. Isso significa que qualquer empresa, em qualquer lugar, é uma empresa global, estivesse isso definido no plano de negócios original ou não. Nenhum de nós pode escapar do mundo que nos rodeia.

As fronteiras nacionais que um dia criaram as economias protegidas estão desaparecendo. A Rakuten tem de se adaptar a isso. O Japão tem de se adaptar a isso. Todas as empresas do mundo têm de se adaptar a isso. A mudança já aconteceu. O que resta saber é como vamos reagir.

É por isso que não posso desistir do processo de inglesificação, e nem de qualquer um dos meus funcionários que estão se esforçando para aprender e realizar seus objetivos. Meus críticos podem pensar que eu sou egoísta, e dizer que sou louco. Mas no fundo, sabem que é uma luta necessária. Estão todos esperando para ver como faremos isso. Meu objetivo é fazer da Rakuten um exemplo a ser seguido pelos outros, e não tenho dúvida de que o seguirão. Eles precisam. O mercado global exige a rapidez de um idioma único. Não há tempo para tradução, não há tempo para mal-entendidos. Só há espaço para a clareza e a velocidade. A economia mundial depende disso.

O MODO RAKUTEN

- Imagine seu negócio global unificado pelo idioma. Imagine que você não precisaria depender da feliz coincidência da comunicação fácil, mas buscasse institucionalizar um idioma comum. Quanto tempo seria economizado? Que inovações seriam possíveis?

- Pense em como poderia convencer sua equipe ou sua empresa a realizar uma tarefa tão grande e com o potencial de virar o jogo como a inglesificação. Como motivaria as pessoas? Como lideraria tal transformação?

- Qual seria o papel de sua empresa no cenário global se você implementasse a inglesificação? Qual seria a posição de sua empresa no cenário global de negócios?

2

REESCREVENDO AS REGRAS DO PODER

A SABEDORIA DO EMPODERAMENTO

Era uma vez um pequeno comerciante de arroz no sul do Japão. Sua família estava no negócio de produção e venda de arroz há três gerações, uma tradição que lhe conferia orgulho e distinção. Mas os tempos econômicos difíceis o estavam pressionando, e ele se viu sem condições de expandir seu negócio. Os negócios minguavam. Por causa disso, seu filho saiu de casa após terminar seus estudos a fim de encontrar um emprego mais rentável em um escritório. Isso entristeceu o comerciante – ele não só não foi capaz de gerar mais prosperidade para seu negócio, como também não conseguiu manter a família unida.

Um dia, o comerciante recebeu a visita de um vendedor da Rakuten que chegou à loja animado e transpirando, como se tivesse acabado de escalar uma montanha. E sua atitude era igualmente ansiosa:

"Vim lhe mostrar a oportunidade que você estava esperando. Estou aqui para convidá-lo a participar do mercado Rakuten. Prometo fazer tudo o que estiver ao meu alcance para ajudá-lo a expandir seu negócio. Vou lhe oferecer meus melhores conselhos, ajudá-lo a encontrar novos clientes, e ser seu parceiro nesse processo. Vamos trabalhar juntos!"

O comerciante de arroz ficou desconfiado, pois tinha pouca experiência com computadores. Mas o vendedor cumpriu a promessa de ajudá-lo desde o início. Ajudou o comerciante de arroz a aprender como operar o computador, criar uma presença virtual para seu negócio e tirar proveito das ferramentas de marketing e de vendas do shopping Rakuten. Em pouco tempo, o comerciante estava pronto para atuar no mercado virtual.

Ele era apaixonado por seu negócio. Fez mais do que apenas colocar uma página na web. Acrescentou conteúdo. Incluiu a história de sua empresa familiar, as tradições que tinha incorporado ao longo dos anos, e as razões que tornavam seu arroz especial. Compartilhou as esperanças e sonhos que tinha para seu negócio e sua família.

O mercado virtual respondeu. O comerciante de arroz começou a receber pedidos de comunidades longínquas – de cidades para as quais nunca tinha viajado, de clientes até mesmo fora do Japão. Seu negócio, de estagnado, voltou a crescer e, em seguida, começou a prosperar. Logo precisou contratar mais ajuda. Seu filho voltou da cidade para se juntar à equipe. O comerciante de arroz tinha conseguido dar o pontapé inicial em seu negócio, reunir a família, e posicionar sua empresa para o sucesso contínuo.

Essa é uma das minhas histórias favoritas dos primórdios da Rakuten. Costumo contá-la aos funcionários e mencioná-la nos discursos que faço para o público de negócios. Adoro essa história porque ela encarna um dos elementos críticos do meu processo de negócio: o empoderamento.

Empoderamento é uma palavra que recebe muita atenção nos círculos de negócios de hoje. Mas o tipo de empoderamento que menciono não trata de permitir que os funcionários usem jeans, tragam seus cães para o escritório ou trabalhem no café da esquina. A meu ver, o empoderamento não é um complemento que permite aos funcionários se sentirem bem todos os dias. Em vez disso, é uma estratégia do negócio principal– uma estratégia que permeia tudo que fazemos, do meu cargo, passando por todos os níveis hierárquicos de meus funcionários, chegando à comunidade de comerciantes e fornecedores. Na Rakuten, o empoderamento não merece apenas uma linha no manual de recursos humanos. É nosso objetivo em tudo que fazemos e o que nos diferencia de muitos de nossos concorrentes no mundo do e-commerce.

Quando olha para a história do comerciante de arroz, pode ver as muitas funções do empoderamento em nosso negócio. A Rakuten empoderou o vendedor para viajar de Tóquio a fim de encontrar-se com um apenas um comerciante. A empresa empoderou aquele vendedor para prometer ajuda ao comerciante – transmitindo-lhe inclusive os conhecimentos mais básicos de informática. Em seguida, a Rakuten empoderou o comerciante de arroz a expressar a verdadeira natureza de seu negócio no shopping Rakuten, que não oferece modelos prontos a nossos comerciantes. Por fim, e o que é mais importante para mim, a Rakuten empoderou o comerciante de arroz para alcançar seu maior sonho: encontrar uma nova oportunidade de crescimento para o seu negócio, e fazer isso de tal forma que seu filho tivesse vontade de voltar para casa e assumir a tradição da família. A Rakuten não fez isso por ele; criamos condições para que fizesse isso por si mesmo. Quando ele olhar para trás e analisar o rumo dos acontecimentos, poderá orgulhar-se de sua realização. E como parceiros na empreitada, nós também.

Neste capítulo, explorarei o conceito de empoderamento e como ele corre nas veias da organização Rakuten. Meu objetivo é demonstrar como o empoderamento impulsiona muitas funções da empresa, e por que é uma estratégia fundamental não apenas para nós, mas para o futuro do e-commerce global. Nestas páginas, examinaremos:

- Como a Rakuten empodera seus clientes (como o comerciante de arroz, por exemplo).
- Como a Rakuten empodera seus funcionários (como nossos vendedores).
- Como a Rakuten evita o caos originado pelo empoderamento, estabelecendo metas quantitativas e utilizando KPIs (*Key Performance Indicators* – Indicadores-chave de Desempenho).
- Como o empoderamento pode ser uma estratégia para o sucesso pessoal (apresentarei meu exemplo).
- Por que as empresas e indivíduos que adotarem o empoderamento estarão prontos para mudar o mundo.

EMPODERAMENTO DE CLIENTES

Embora isso hoje possa parecer surpreendente, o segmento de e-commerce não adotou o empoderamento logo no início.

Certamente, o crescimento da internet e o advento da *World Wide Web* possibilitaram aos indivíduos estabelecer seus negócios no mundo online. Houve muitos pioneiros que fizeram exatamente isso. Mas a dificuldade de ser o proprietário de um pequeno negócio no mundo virtual logo se tornou clara: você pode ter o melhor produto do mundo, mas se os clientes não souberem que você existe, você não venderá. Essa preocupação levou os comerciantes rapidamente aos shoppings online.

Muitos dos maiores nomes da tecnologia e da mídia adicionaram o desenvolvimento de shoppings online à sua lista de atividades.

Criaram shoppings na internet e atraíram comerciantes para ocupar suas lojas virtuais. E fracassaram, uma após a outra.

Vejamos um exemplo. Em 1996, a IBM anunciou a abertura do *World Avenue* – um shopping virtual projetado para dar a 16 clientes de varejo acesso ao mercado global pela internet. Alguns dos grandes nomes do varejo se inscreveram no projeto: L.L. Bean, Hudson's Bay, Gottschalks. Parecia o começo de algo maior.

Contudo, menos de um ano após a inauguração, o projeto foi interrompido. Por quê? O motivo oficial foi o tráfego insuficiente de clientes. Mas abaixo da superfície havia uma corrente de insatisfação entre os varejistas. Os clientes de varejo estavam insatisfeitos com a IBM como locador dos espaços no shopping. Não gostavam da sobreposição da marca IBM em suas lojas virtuais. Irritavam-se com a presença da IBM como intermediária em seu sagrado relacionamento com os clientes. Em resumo, acreditavam que a IBM mais atrapalhava do que ajudava. Por que deveriam pagar a uma empresa de fora para criar uma barreira entre eles e seus clientes? Os lojistas rapidamente abandonaram a *World Avenue*.

O que a IBM tinha feito de errado? Sinceramente, a mesma coisa que muitas outras empresas de tecnologia e de mídia fizeram de errado quando se envolveram com o e-commerce pela primeira vez: insistiam em governar com uma mão pesada. Chegaram ao projeto decididas a demonstrar seu domínio, e controlavam cada passo. A IBM e as outras empresas tinham o propósito de manter a eficiência e a coesão. Mas os comerciantes se rebelaram.

Nós adotamos o e-commerce em 1997. (E quando digo "nós", quero dizer eu e meu sócio naquele momento.) Não éramos a IBM ou a Microsoft, que também já haviam tentado lançar um shopping na internet, mas não conseguiram. Então, percebi que precisávamos de uma estratégia diferente. Decidi que o shopping da Rakuten ofereceria o oposto dos shoppings das grandes empresas: não ofereceria uma frente de loja controlada, mas sim o empoderamento virtual.

Desde o início, o shopping da Rakuten era diferente. Oferecíamos nossos serviços a uma taxa mensal de 50 mil ienes (US$650), pagas em duas parcelas, baseadas em uma assinatura anual. O preço era uma fração do que os grandes shoppings da internet cobravam. Oferecemos aos comerciantes a oportunidade de personalizar sua presença na web, ao invés de obrigá-los a se encaixar em um formato projetado por nós. Na verdade, estávamos tão comprometidos com esse processo de personalização que desenvolvemos ferramentas especiais para dar a esses comerciantes (muitos dos quais tinham conhecimentos limitados de informática) a chance de deixar suas lojas virtuais do jeito que queriam.

Isso não foi fácil. Meu outro funcionário era um programador melhor do que eu, então dei-lhe de presente um exemplar do *SQL para Dummies* para inspirá-lo. Mas no final da história, tivemos de contratar um professor para nos ensinar como criar as ferramentas. Parecia ser um trabalhão naquela época, mas eu sabia que era algo crítico. O empoderamento começa com a atitude de capacitar o cliente. Não queríamos apenas recolher o dinheiro para fazer este trabalho para nossos comerciantes – queríamos que fossem capazes de fazer isso por conta própria.

Levamos o conceito um passo adiante com a comunicação entre o comerciante e o cliente de varejo. No conceito original de shopping na internet – e, de fato, ainda hoje, em alguns dos outros grandes players de e-commerce – a comunicação é controlada pelo proprietário do shopping. O comerciante não tem como interagir diretamente com o cliente. Em vez disso, toda a comunicação – pedidos, reclamações, pedidos de informação etc. – é canalizada pela operadora do shopping.

Isso me parecia um tremendo desperdício de tempo e de recursos. Por que eu deveria responder aos e-mails do comerciante? Se um cliente quiser saber algo específico sobre um produto, não quer perguntar a mim. O que sei, sentado em meu escritório em Tóquio, sobre como o comerciante de arroz no norte do Japão embarca seu produto? Ou qual entre seus produtos poderia ser o melhor para um determinado cliente? Ou o que torna esse arroz especial? Essas perguntas são para o comerciante, e o processo de comunicação mais eficiente possível é o que ocorre entre as duas partes – sem intermediários.

Empoderamos o comerciante a gerenciar suas próprias comunicações, bem como empoderamos o cliente a se envolver diretamente com o comerciante.

Não é assim que as coisas são feitas no e-commerce, mesmo hoje em dia. Muitos pequenos comerciantes assinaram um contrato com nossos concorrentes para obter acesso ao mercado global da internet. Mas esses grandes players do e-commerce controlam grande parte do processo, e um processo não menos importante é o da comunicação. Todas as comunicações passam pela plataforma do e-commerce.

Desde o projeto das páginas web, passando pela comunicação por e-mail e chegando ao gerenciamento dos relacionamentos, procuramos ser uma força de empoderamento, ao invés de uma força controladora. Os primeiros desenvolvedores de shoppings na internet tinham certeza de que seus comerciantes não seriam capazes de lidar com a vida no mercado virtual. Estavam convencidos de que eles precisavam de estrutura, controle e limites. Mas estavam errados, como ficou comprovado pelo fracasso de tantos shoppings na internet logo no início. A necessidade de controle foi um tiro que saiu pela culatra. Não era algo lucrativo para os comerciantes, e interferia com seus objetivos de longo prazo.

Mas quando empoderados pelo proprietário de um shopping virtual, os varejistas prosperaram. O comerciante de arroz é um exemplo perfeito. A Rakuten não se limitou a tê-lo como cliente, nós o empoderamos para ser bem sucedido como comerciante, como pai, e como guardião da história e tradições de sua família. E ele estava longe de ser o nosso único exemplo. Recentemente, a Rakuten trabalhou com um vendedor de roupas para animais de estimação – o que abrangia de tudo, desde casacos quentinhos de inverno até trajes de festa para os cães que participavam da cerimônia de casamento de seus donos. Talvez uma das formas mais significativas pelas quais a Rakuten apoiou esse negócio (chamado de iDog) foi empoderar a proprietária a se conectar com seus clientes. As maneiras pelas quais os clientes da iDog (e da iCat) se comunicam e interagem com as lojas são variadas. O proprietário e a equipe escrevem frequentemente sobre seus próprios animais de estimação e publicam o conteúdo no site e na e-newsletter. O site é cheio de fotografias de clientes felizes e seus animais, estes últimos vestidos com roupas vendidas na iDog e iCat. A empresa ainda tem um programa especial para usar os animais de estimação dos clientes como modelos oficiais. Atualmente, a empresa usa 60 modelos, e tem um cadastro com mais de 1.000 clientes que gostariam de ver seus animais de estimação no site.

A iDog teve sucesso em grande parte porque a Rakuten não interferiu no relacionamento entre os donos de animais e o varejista. Fizemos o possível para que essas duas entidades se conectassem. Depois disso, saímos do caminho e permitimos que a mágica acontecesse.

EMPODERAMENTO DE FUNCIONÁRIOS

Como disse anteriormente, minha definição de empoderamento, quando se trata de funcionários, pode ser ligeiramente diferente da definição dos outros. "Empoderamento" é um termo que foi bastante usado "da boca pra fora" durante a época das pontocom. Os empregadores, ansiosos por atrair os escassos talentos na área de tecnologia, usavam o empoderamento como isca. Prometiam um bocado de liberdade pessoal, como códigos de vestimenta casual, regimes de trabalho remoto e horários flexíveis. Isso tudo era abrangido pela bandeira do "empoderamento de funcionários". Mas a palavra significa isso na realidade?

No meu entendimento, empoderar funcionários não significa permitir que eles tornem o ambiente de trabalho mais parecido com sua casa por meio de decorações, animais de estimação ou o uso de laptops. Em vez disso, entendo o empoderamento de funcionários como uma forma de dar aos trabalhadores a oportunidade de fazer o seu melhor trabalho – sem as limitações impostas por mim ou por outros gerentes.

E como isso acontece?

Tratei dessa questão inicialmente por intermédio de colaboração e projetos em equipe. Na Rakuten, incentivamos os funcionários a trabalhar de forma colaborativa para resolver problemas e encontrar novas oportunidades. Isso se torna um desafio crescente para mim como gerente à medida que a empresa cresce. Quando eu tinha um, dois, dez funcionários, não era difícil permitir que tentassem coisas novas. Era fácil acompanhar o que estavam fazendo. Hoje, a Rakuten tem mais de dez mil funcionários em vários países. Não é possível controlar todos os movimentos que fazem. Você pode pensar que isso requeira mais controle e supervisão a fim de garantir que todos estejam no caminho certo. Mas volto à minha paixão filosófica pelo empoderamento. Acredito que dar liberdade é mais importante do que manter o controle.

A segunda maneira de empoderar os funcionários é pela adoção de um quadro de referência que nunca permita o fracasso definitivo e sempre permita outra tentativa. Quando explico esse conceito, costumo descrevê-lo usando termos de esportes. Muitas pessoas gostam de comparar negócios e esportes, e de fato, há muitos conceitos em comum. No esporte, porém, existem regras e limites, e rejeito esses limites a fim de empoderar meus funcionários. No beisebol, por exemplo, com três *strikes* (arremessos) você está fora. Na Rakuten, por outro lado, você rebate tantas vezes quantas forem necessárias. Não há qualquer razão para deixar o campo por causa de um fracasso. Se não acertar, rebata novamente.

Uma coisa que fiz questão de fazer quando criei meu modelo de negócio foi montar uma estrutura na qual sempre é possível rebater mais uma vez. Esse é um conceito crítico na Rakuten, pois empodera meus funcionários para nunca desistir. Se ainda estamos no negócio, você ainda está empoderado para entrar em campo e fazer outra rebatida. Contanto que possa tentar novamente, o fracasso é impossível. Mas é responsabilidade do gerente sênior comunicar isso aos funcionários.

Um terceiro passo no empoderamento dos funcionários está vinculado ao meu processo de inglesificação. Há muitas boas razões para tornar o inglês o idioma do local de trabalho, e uma deles é sua inerente objetividade. Um dos meus executivos atribui grande valor ao uso do inglês no local de trabalho, pois muitas vezes é a única coisa que faz estes novatos jovens e ansiosos se manifestarem e dizerem com confiança o que realmente pensam e querem expressar, em vez de tomar uma posição segura e neutra. Ele conta a seguinte história:

Quando pergunto a um novo funcionário se vai chover amanhã, se ele responder em japonês, ele pode dizer: "Se fizer sol, será bom." Ele não se compromete a me dizer o que quero saber. Ele respondeu e não respondeu ao mesmo tempo. As tendências linguísticas do japonês falado permitem que ele se esquive e se mantenha neutro.

Mas eu pedi uma informação, e isso não é útil nem para mim, nem para a empresa.

Agora, se eu tentar fazer a mesma pergunta em inglês, receberei uma resposta diferente.

"Vai chover amanhã?"

Seguindo as convenções da comunicação em inglês, o empregado agora deve responder "Sim", "Não" ou "Talvez".

Talvez eu não receba a previsão correta do tempo, mas o uso do inglês no local de trabalho nos obriga a ser mais diretos em nossa comunicação, mais concretos, menos propensos a evitar o confronto de dizer sim ou não.

Não é fácil desvencilhar-se das tradições do idioma com as quais foi educado. Ao alterar o idioma, ofereço a chance de adotar novas regras de comunicação. Eu empodero a todos nós a falar na tradição mais direta e concreta do inglês.

O empoderamento dos funcionários também beneficia o resultado financeiro. Sou da opinião que, ao permitir a colaboração e outras ações empoderadas, mantemos nossos melhores trabalhadores. Se você usa o dinheiro como o único fator motivacional para reter seus melhores funcionários, eles um dia acabarão encontrando uma remuneração maior em outro lugar. Essa não pode ser sua única estratégia de retenção. Se, por outro lado, oferecer a seu melhor funcionário a chance de fazer seu melhor trabalho – em um ambiente de trabalho colaborativo, entendendo que ele ou ela está empoderado para tentar, explorar e criar – você deu a esse funcionário uma razão real para ele ficar.

PARA EVITAR O CAOS

Muitas vezes, quando falo sobre empoderamento, ouço a reação de meus colegas empresários: isso pode dar certo em sua empresa. Mas, na minha, isso produziria o caos. E é verdade que apenas permitir que todos fizessem o que bem entendessem seria caótico. Isso não é o que defendo, nem o que praticamos. Em vez disso, encontramos uma maneira de empoderar os funcionários e evitar o caos. Apenas aliamos nossa paixão pelo empoderamento com outra paixão da empresa: as métricas.

As métricas e a medição desempenham um papel diário na forma como abordamos a motivação na Rakuten. Nós as usamos de várias maneiras para influenciar indivíduos, grupos de trabalho, e toda a empresa para alcançar o sucesso.

Cada empresa tem suas siglas favoritas. Uma sigla que ouvirá muitas vezes na Rakuten é KPI. KPI significa *key performance indicator*, ou indicador-chave de desempenho, um sistema que usamos para ajudar os funcionários a definir e alcançar objetivos de médio prazo. Comecei a ver a necessidade de adotarmos os KPIs à medida que a Rakuten crescia. Conforme nossos objetivos se tornavam mais complexos, os funcionários precisavam de ajuda para se manter motivados e concentrados. Os grandes objetivos são importantes para uma organização ambiciosa. Mas para atingir tais metas, é preciso definir os passos com clareza. Se seus funcionários não conseguirem ver os marcadores que lhes indicam para onde estão indo ou o caminho que já percorreram, o único resultado será confusão. Os KPIs são seus marcadores.

Por exemplo, você pode usar os KPIs para mensurar quantos negócios um vendedor fechou ou quantos clientes novos essa pessoa conseguiu. Os KPIs permitem às pessoas de sua organização medir-se a si mesmas e ver os passos que devem seguir para conduzir a empresa em direção a seus objetivos maiores.

Os KPIs se tornam cada vez mais importantes conforme a empresa cresce. Para os funcionários, à medida que a organização vai crescendo, os objetivos se tornam maiores, e as tarefas menores podem vir a parecer menos importantes. Uma pessoa pode começar a sentir que o que faz tem importância menor para esse todo maior. Esse sentimento, se não for controlado, pode se disseminar entre os funcionários e ameaçar o progresso de toda a organização. É evidente que já vimos exemplos de grandes empresas que pareciam poderosas e, mesmo assim, perderam seu ímpeto. Uma das razões é essa sensação de pequenez que um funcionário pode começar a sentir conforme a empresa cresce.

Os KPIs, portanto, podem fazer a ponte entre o trabalho de um indivíduo e o trabalho mais amplo da organização. É o ponto de conexão entre os pequenos trabalhos que um funcionário faz todos os dias e os grandes objetivos que a empresa tem nos anos seguintes. Alguns KPIs são definidos pelos gerentes, mas é uma tática que os funcionários também podem aplicar para alcançar objetivos pessoais. Por exemplo, nossa empresa começou a usar um site de relacionamentos sociais interno para ajudar no compartilhamento de ideias e na comunicação por toda a organização. Costumo pedir aos funcionários para publicar suas contribuições nesse site. Mas também tenho visto os funcionários definir seus próprios KPIs como lembretes para si mesmos. Se definem um KPI para publicar uma contribuição certo número de vezes por semana, isso os leva em direção ao objetivo menor da participação individual, ajudando a Rakuten a alcançar seu objetivo maior de manter uma dinâmica rede interna de relacionamentos.

Entretanto, além de servir como ferramenta motivacional, nossa devoção às métricas sustenta nossos esforços maiores de empoderamento. Quando você divulga os números abertamente e permite que todos saibam como estão se saindo, se estão perto ou longe de seus objetivos, e que resultados seus esforços estão produzindo, você os liberta da necessidade de ficarem parados esperando por ordens ou instruções. Os números estão lá, podem ser vistos e compreendidos por todos. Se seu departamento estiver abaixo das metas de vendas, pode constatar isso nos números, não precisa ficar à espera de instruções sobre o que fazer a seguir.

Mesmo que defina os objetivos do dia a dia e dos próximos anos, também é importante definir e mensurar seu progresso em direção aos grandes objetivos. E esses objetivos devem ser específicos e extraordinários. Lembre-se de quando a NASA disse que iria à Lua. Isso pareceu estranho na época. John F. Kennedy anunciou pela primeira vez, em 25 de maio de 1961, que até o final da década de 1960 os Estados Unidos mandariam um homem à Lua. Isso ocorreu no contexto de um fenômeno cultural chamado de "Crise Sputnik" por alguns, quando a antiga União Soviética conseguiu enviar seu primeiro satélite, o Sputnik, para o espaço. Naquele tempo, os Estados Unidos ainda não tinham conseguido lançar um satélite. Pensar que sua rival, a União Soviética, os tinha ultrapassado no lançamento de um satélite ao espaço abalou a confiança do público. O fato de um mês antes do discurso de Kennedy, a União Soviética ter conseguido enviar um satélite tripulado e feito de Yuri Gagarin o primeiro homem a olhar do espaço para a terra com os próprios olhos não ajudou em nada.

O anúncio de Kennedy de enviar um homem à Lua foi, assim, parte de um plano para mitigar o choque que havia se espalhado pelos Estados Unidos. Desde então, não houve um discurso que animasse o coração dos americanos. A definição de um prazo de nove anos, anunciando ao público que o plano não seria realizado "um dia", mas "antes do final desta década", foi absolutamente brilhante.

Talvez tivesse sido mais sensato anunciar: "Faremos o máximo que pudermos para explorar o espaço." Em vez disso, a NASA definiu o objetivo grandioso e específico da Lua, e mensurou seu progresso em direção a esse objetivo. Esta é uma forma importante para motivar os funcionários. Quando você define objetivos pequenos, é possível sentir as pequenas recompensas positivas da realização. Quando define objetivos grandes e avança nessa direção, as recompensas são muito mais intensas. Um treinador que diz: "Tente correr muito rápido" não exerce tanta influência quanto um treinador que diz: "Corra para vencer!"

Embora estes objetivos sejam de longo prazo, também devem ser mensurados e ter seu progresso acompanhado. Mesmo que pareçam distantes, podem ser motivacionais somente se os funcionários realmente sentirem que o que fazem todos os dias os aproxima – ainda que um pouquinho – da Lua. Muitas pessoas supõem erroneamente que uma empresa que "observa seus números" o tempo todo deve ser controladora e não aberta a uma predisposição de empoderamento. Na verdade, porém, o contrário é verdadeiro. Os números nos permitem ver o que precisa ser feito. Nossa estratégia de empoderamento nos apoia enquanto nos engajamos a fim de alcançar nossos objetivos.

Em última análise, é a combinação de empoderamento e de métricas que cria a plataforma para o sucesso. Muitas empresas temem um ambiente de trabalho empoderado. Temem que tal ambiente descambe para o caos, ou que os funcionários se aproveitem da liberdade e apresentem um desempenho inferior. Contudo, minha experiência revela que só o ambiente de trabalho empoderado é eficaz para atrair e reter os grandes talentos. O dinheiro não é tudo. Muitas das pessoas mais talentosas do mercado de trabalho de hoje querem mais do que apenas um salário – ainda que seja um salário substancial. Elas querem ser valorizadas e merecedoras de confiança. Quando lhes dizemos: "Faça seu melhor trabalho e colabore com seus colegas para produzir resultados surpreendentes", elas ficam inspiradas. E quando conseguem, nós nos sentimos da mesma forma como quando vimos o negócio do comerciante de arroz prosperar: orgulhosos de ter apoiado e possibilitado aquele sucesso.

SEU PRÓPRIO EMPODERAMENTO

Tendemos a pensar que o empoderamento é um dom a nós concedido por outros. Seu supervisor o empodera para tomar decisões; seu governo o empodera para votar; um negócio o empodera para personalizar um produto. Esses são exemplos de empoderamento, sem dúvida, mas não são as únicas maneiras de experienciá-lo. Uma das experiências que mais contribuiu para minha formação, tanto na vida quanto no trabalho, foi o momento em que me empoderei.

Eu tinha trinta e poucos anos e trabalhava para o IBJ (*Industrial Bank of Japan* – Banco Industrial do Japão). Era um emprego bom. Era um emprego de prestígio. Era um *status* que eu tinha trabalhado duro para alcançar, estudando na escola e dedicando-me com foco e energia. Mas tomei a decisão de deixar meu cargo e abrir minha própria empresa. Não foi uma decisão precipitada. Eu tinha avaliado minhas opções de carreira e a trajetória que desejava percorrer por algum tempo. Em última análise, escolhi o caminho um pouco incomum do empreendedorismo. No Japão, essa não é a regra para aqueles que têm boa formação universitária. O caminho tradicional é o de garantir um emprego em nível inicial em uma empresa respeitável e, em seguida, trabalhar com dedicação para progredir na carreira ao longo da vida. Eu poderia ter feito isso. Eu tinha essa opção. Em vez disso, escolhi trabalhar por conta própria.

Foi uma decisão pessoal. Não havia ninguém me dizendo para fazer isso. Na verdade, muitos me aconselharam a ficar no IBJ e deixar de lado essa conversa fiada sobre empreendedorismo. Não havia muito apoio da sociedade para minha decisão. Como já disse, a tradição no Japão é alinhar seus objetivos de carreira aos de uma empresa e fazer disso sua carreira. Por isso, tive que me empoderar. Tive de decidir que este era o caminho para mim, ainda que não tivesse muito apoio. Permaneceria concentrado em meu objetivo, não importa o que acontecesse.

Empoderar-se é, na realidade, mais difícil do que empoderar alguém. Com frequência, é necessário enfrentar muitas das tradições e regras aprendidas durante a vida a fim de libertar seu próprio pensamento e estabelecer objetivos audaciosos.

O primeiro passo para empoderar-se é expandir sua mente. Antes de agir de forma empoderada, precisa ser capaz de pensar de forma empoderada. Muitas vezes, isso significa aprender a deixar sua mente vagar além dos parâmetros do que aprendeu na escola ou foi treinado para fazer no trabalho. Abrir sua mente para o que é possível é uma habilidade que deve ser praticada constantemente.

Este é mais um privilégio da inglesificação. Embora tenha nascido como uma estratégia de comunicação empresarial, também é uma estratégia de empoderamento – uma estratégia que vivenciei e que gostaria que meus funcionários também vivenciassem. Quando insisti para que todos aprendessem a se comunicar em inglês, coloquei-os todos em uma trajetória para pensar fora dos limites da língua japonesa. Quando você abre sua mente para outro idioma, abre sua experiência intelectual para outras culturas e outras formas de fazer negócios. Ao usar o idioma para se conectar com outras fronteiras, você se comunica em um novo nível com maior variedade de pessoas. Aprender um novo idioma liberta-o de qualquer restrição que seu idioma nativo possa ter e o empodera para fazer conexões globais e aprender com outras tradições. Essa foi, sem dúvida, minha experiência enquanto aperfeiçoava minhas habilidades em inglês, e é a força que me impulsiona a considerar a aprendizagem de outros idiomas como o chinês. Reconheço o papel que a linguagem tem tido para meu sucesso.

Outra maneira de se empoderar é estudar no exterior. Há muito eu desejava desafiar as regras tradicionais dos negócios no Japão, e minhas experiências no programa de MBA de Harvard reavivaram a chama e me deram as ferramentas e a inspiração para realizar meus planos.

A parte mais importante do meu estudo em Harvard não aconteceu na sala de aula. Durante o tempo que passei nos Estados Unidos, fui exposto diretamente à cultura empreendedora que é tão difundida lá. A Harvard Business School era o lugar para onde uma futura geração de líderes econômicos ia para aprender. E o que aprendi é que o tamanho de sua empresa não importava; o que importava era quanto valor você cria. Esse conceito – o foco no que você, indivíduo, tinha criado em um contexto de negócios – era inédito para mim. Olhei ao redor, e ficou claro que isso continuava valendo além das fronteiras de Harvard. Em muitos casos, as pessoas que se tornaram respeitadas nos Estados Unidos foram aquelas que criaram alguma coisa e – o que é mais importante para mim – agiram por iniciativa própria. As pessoas admiradas eram muitas vezes as que tinham aberto suas próprias empresas.

Este é o extremo oposto de como o sucesso é visto no Japão. Meu contato com essa visão contrastante de sucesso mudou radicalmente meu pensamento. Minha experiência educacional estava nutrindo meu plano de autoempoderamento.

E isso, por sua vez, provocou minha decisão de me tornar um empreendedor – mesmo em face de aconselhamento contrário, apesar de muitas pessoas de meu círculo considerarem a ideia estranha. Eu havia dominado a capacidade de enxergar além de tradições e expectativas limitadas. Eu tinha criado em mim um espectro mais amplo de possibilidades. Ninguém poderia ter me dado isso. Tive de descobrir essa visão e adotá-la para minha vida.

O EMPODERAMENTO DO MUNDO

Ainda há muitas oportunidades para empoderamento em todo o mundo, e acredito que as empresas – especialmente o e-commerce – podem desbravar este caminho.

Logo depois que deixei o IBJ para seguir minha vocação empreendedora, converti meu primeiro jovem funcionário. Conheci um dia um jovem chamado Shinnosuke Honjo. Ele era ex-aluno de uma universidade de primeira linha no Japão, e estava ansioso para conquistar um emprego no IBJ. Ele tinha lido tudo o que havia sido publicado sobre o banco, e estava agora fazendo entrevistas para colher informações sobre o IBJ, na esperança de se tornar o candidato ideal para um emprego lá. Ele estava 100% dedicado a garantir a vida de um assalariado japonês tradicional em uma empresa japonesa tradicional. A palavra "empoderamento" não constava de seu dicionário.

Mas quando o conheci, ouvi algo interessante em sua conversa. Perguntei-lhe por que queria trabalhar para o IBJ, e ele respondeu dizendo: "Quero estar a serviço da criação de novas empresas e novos segmentos de mercado."

Contei-lhe as ideias que vinha alimentando em minha mente: "A época em que bancos, empresas comerciais e outras grandes corporações tinham condições de mudar o Japão e construir a nossa sociedade chegou ao fim. Hoje em dia, são os indivíduos e as pequenas e médias empresas que instituirão constantemente novas ideias e mudanças no Japão."

No final de minha conversa com Honjo, eu o tinha convencido a deixar de pleitear uma vaga no IBJ e, em vez disso, trabalhar para mim. Era o passo seguinte em minha dedicação ao empoderamento: empoderar os outros.

Enquanto conversava com Honjo, ainda estava decidindo quais seriam meus próximos passos na carreira. Eu tinha deixado o IBJ e saído para trabalhar por conta própria, de modo que meu processo de autoempoderamento estava bem encaminhado. Mas naqueles primeiros anos, eu tinha uma empresa de consultoria, e prestava serviços para empresas em processos de fusões e aquisições. Ainda estava à procura da ideia que serviria como alicerce para minha empresa.

Enquanto eu procurava, comecei a pensar em termos mais amplos sobre até onde meu interesse pelo empoderamento me levaria. Aos poucos, percebi que isso era muito maior do que minhas próprias ambições, ou até mesmo as ambições da empresa que fundaria e administraria. Entendi que o empoderamento era uma estratégia nacional e até mesmo global.

A LIÇÃO DOS PIRATAS

Para entender como o empoderamento vai mudar o mundo, pense nesta pergunta: Por que há tão poucos piratas hoje em dia?

Houve uma época em que a pirataria era uma prática muito mais comum. De fato, em eras passadas, os piratas eram uma espécie de comerciante. A cada adversário que encontravam, tinham de tomar uma decisão: saquear ou fazer um acordo. Se fosse mais rentável saquear, saqueavam. Se fosse mais rentável entrar em um acordo com a parte contrária, faziam um acordo. Era uma decisão estritamente comercial. Até mesmo saquear tinha seus custos.

Os piratas se disseminaram quando o mundo era grande, e tinham muito espaço para circular livremente sem enfrentar consequências.

Mas à medida que as comunicações se sofisticaram e o mundo tornou-se "pequeno", os saques se tornaram muito mais caros e as negociações mais interessantes.

Hoje, a internet está tornando esse pequeno mundo ainda menor, e as negociações cada vez mais essenciais. Quando encontra um adversário na arena dos negócios, pode agarrar sua oportunidade, ou pode procurar uma maneira de criar uma situação ganha-ganha. Na essência de um acordo ganha-ganha está o conceito de empoderamento. Quando apenas um lado controla o processo, apenas um lado pode lucrar. Quando ambos os lados estão empoderados, ambos saem vencedores.

Vemos isso repetidas vezes em nosso negócio de e-commerce. Quando empoderamos nossos clientes, eles querem continuar com o processo e disseminar a mensagem ganha-ganha. Um de nossos comerciantes é um fabricante de chocolates cuja empresa se chama Vanilla Beans. Ele fundou a empresa há mais de uma década. Enfrentou desafios em seus primeiros anos de atividade: como transportar com delicadeza os chocolates para que não se despedaçassem em trânsito; como transportar os chocolates com segurança durante os meses quentes de verão; e como encontrar novas tendências em doces e incorporá-las em sua linha de produtos, que agora conta com 30 produtos distintos.

Enquanto administra sua empresa, ele é um embaixador da mensagem de empoderamento da Rakuten. "Queremos que todos sejam felizes", diz o proprietário Katsuhisa Yagi. "As pessoas que cultivam o chocolate, as pessoas que o fabricam, as pessoas que o consomem." Desde 2009, Yagi compra suas matérias-primas da Costa do Marfim e de Gana, em conformidade com as práticas de comércio justo. Toda semana sua empresa faz um leilão com os pedaços de chocolate disformes que saíram da linha de produção e 90% do valor arrecadado vai para a construção de uma escola em Gana. O lema da empresa é: "Tornar o mundo feliz com chocolate." Não apenas seus clientes, mas o mundo. E a Rakuten o encoraja e lhe dá instrumentos para fazer isso.

Hoje, as antigas tradições de pirataria estão em declínio. Nosso mundo interconectado exige mais responsabilização; os saqueadores agora enfrentam as consequências de seus atos. Isso alimenta a subcorrente de empoderamento que observo em mim mesmo, em minha empresa, e no mundo de negócios global. Os líderes do futuro não serão os saqueadores que agarram o produto do saque e dominam os outros. Estarão em empresas que empoderam e negociam.

O empoderamento é uma maneira de fazer os clientes felizes. O empoderamento é uma forma de inspirar os funcionários a fazer seu melhor trabalho. O empoderamento é uma maneira de se olhar e descobrir o melhor de seu próprio potencial. E o empoderamento é o motor que conduzirá a criatividade e a prosperidade neste mundo cada vez menor.

O MODO RAKUTEN

Para incorporar um espírito de empoderamento a seu negócio, considere estes passos:

- Empodere-se primeiro. Reconheça que tem o poder e a responsabilidade de tomar decisões por si mesmo. Ponha suas decisões em prática e adote-as. Não permita que os eventos determinem sua trajetória. Seja ativo em seus esforços, e não passivo. Você terá mais condições de liderar uma estratégia de empoderamento se puder fazê-lo a partir de sua própria experiência.

- Faça do empoderamento uma parte de um plano estratégico, e não um objetivo "soft", cuja avaliação é subjetiva. Faça do empoderamento um elemento "imprescindível" de sua empresa, em vez de um elemento "legal de se ter".

- Meça os resultados. Isso contribuirá para inspirar todos a buscar a estratégia de empoderamento, e evitará um ambiente de trabalho caótico.

3
REESCREVENDO AS REGRAS DA EXPANSÃO

A INTERNACIONALIZAÇÃO

Existe um conceito na cultura japonesa que chamamos de síndrome de Galápagos. É um termo que descreve o processo de um produto ou de uma sociedade que evolui isolada da globalização. A frase é uma referência a um fenômeno semelhante ao observado nas Ilhas Galápagos, e descrito por Charles Darwin, onde as plantas e os animais evoluíram de forma isolada em relação a outros locais.

O Japão enfrenta hoje os efeitos de sua própria síndrome de Galápagos. Somos uma nação insular, e o impacto cultural desse fato está bastante presente em nosso idioma e em nossas práticas de negócios. No entanto, é fundamental evoluirmos para além desse pensamento insular e nos conectarmos à comunidade global. É necessário tanto para o sucesso de nossos negócios no Japão quanto para o sucesso de nossa sociedade como um todo. Por algum tempo, a economia de nossa ilha foi grande o suficiente para nos sustentar. Mas estamos chegando ao limite do que nossa ilha pode oferecer. A globalização é o nosso próximo passo crítico.

O Japão não é o único país a enfrentar tal realidade. A globalização é um passo necessário para as nações de todo o mundo. Para algumas, a força propulsora é semelhante à do Japão – a necessidade de conquistar novos mercados e novas ideias. Já outras precisam se conectar com recursos não disponíveis em seu país. Nenhum país, contudo, pode se dar ao luxo de ficar isolado. Qualquer empresa – qualquer país – que tentar ficar de fora dessa evolução ficará para trás. Quando comecei o processo de tornar a Rakuten uma empresa global, mais de um repórter japonês me perguntou: Por que está se internacionalizando?

Tive de rir quando ouvi isso. Disse a cada um deles: "Se você fosse um repórter norte-americano ou europeu, estaria me perguntando: 'Por que demorou tanto tempo para se globalizar?'"

Eu faço da globalização uma prioridade porque o Japão e as empresas japonesas têm muito a perder se não conseguirem se globalizar. Ao mesmo tempo, reconheço que a globalização fará muito mais do que incrementar a situação financeira de minha empresa. Ela será a base do novo sistema econômico mundial. Do meu ponto de vista, a globalização é como o inglês – é o estado comum da comunidade mundial de negócios, assim como o inglês tornou-se sua língua comum.

No entanto, apesar de ser um processo tão crítico, muitas empresas o executam mal. A globalização não trata apenas de enviar representantes de vendas a terras distantes. É um processo que deve estar enraizado na cultura corporativa e ser aplicado a objetivos institucionais mais amplos. Muitas vezes, as empresas consideram a expansão internacional como um show secundário – um desdobramento da missão "real" da empresa. Aqueles que olham para a globalização como um hobby inevitavelmente falharão em implementá-la da forma correta. Neste capítulo, discutirei minha estratégia de globalização. Analisarei os seguintes temas:

- A importância de uma mentalidade global.
- A criação de um produto global.
- A execução de uma estratégia de marketing global.
- Meu processo de "federação", comparado ao processo "imperial" para gerenciar divisões globais.
- Os passos para a criação de uma estratégia global de recursos humanos.

DESENVOLVIMENTO DE UMA MENTALIDADE GLOBAL

O processo de globalização não começa com viagens internacionais. Começa em seu escritório em casa, em sua mesa, quando se posiciona mentalmente para considerar o mundo como parte integrante de seu plano de negócios.

Para muitos, é um desafio. Não é uma tendência exclusivamente japonesa sentir-se mais à vontade em seu próprio mercado interno do que na comunidade global. Além disso, essa hesitação é compreensível. Se cometer um erro em um projeto internacional, os resultados podem sair caro e prejudicar a reputação de sua empresa. Por isso, ficar vagando pelas fronteiras internacionais sem estar preparado tampouco é aconselhável. A globalização deve ser executada mediante um planejamento sensato. E isto começa pela preparação da mente.

LEIA AS NOTÍCIAS DE FONTES INTERNACIONAIS

Seu primeiro passo para a globalização deve ser dirigir-se ao mundo para obter informações. Qualquer fonte de notícias regional estará naturalmente focada nos temas e necessidades de seu mercado local. Isso é muito verdadeiro no Japão, onde a mídia local se dedica a dar "furos" e mostra-se menos atenta às opiniões e comentários abalizados. Entretanto, é muito diferente do cenário de mídia nos Estados Unidos e na Europa, onde opiniões e comentários são comuns.

Contudo, todos os meios de comunicação locais têm suas limitações. Para entender o mundo, você precisa estar disposto a consumir mídia estrangeira com regularidade. Ainda que não seja versado em um idioma específico, arrume um dicionário e destrinche o texto; verá que vale a pena. Ficar informado sobre o que acontece fora de seu mercado doméstico não só lhe mostra os fatos concretos que pode precisar para fazer negócios lá, mas o coloca em contato com grandes temas e tendências sociais que podem afetar seu negócio. Você não pode depender da mídia de seu país para fazer esse trabalho para você.

Ao ler notícias sobre o mundo, preste atenção não só aos fatos que possam contribuir para seu negócio, mas também às ideias que podem se aplicar a você de maneiras mais criativas. Ler as notícias de outro país pode mostrar-lhe novas formas de pensar, novos conceitos e novos ângulos. Embora talvez não sejam de utilidade imediata para seu negócio, abrir sua mente a novas possibilidades irá prepará-lo para quando aparecerem informações inovadoras. Este é um elemento crítico da mentalidade global – a capacidade de perceber e vivenciar ideias de outras culturas.

COLETE OS FATOS DE FONTES INTERNACIONAIS

Ler as notícias do mundo é bom, mas não é o suficiente para consolidar uma mentalidade global. Um jornal – até um jornal excelente

– publica informações secundárias. Meu conselho é que complemente as notícias com informações de fontes primárias. Se atua no setor de alimentos, faça um esforço para procurar fontes primárias, tais como agricultores e varejistas. Eles estão na linha de frente no mercado, e suas informações, além de não serem filtradas, são, muitas vezes, esclarecedoras. Não suponha que as reportagens publicadas pelos jornais trazem tudo o que precisa saber sobre uma tendência do consumidor. Faça um esforço para se conectar com os usuários finais, converse com os clientes sobre suas experiências.

Em resumo, crie sua própria rede de notícias. Procure consultar novas fontes de dados e incorpore-as a seus canais pessoais de mídia. Vá além de seu círculo pessoal de informações para conhecer mais sobre o mundo, além de suas fronteiras.

Como parte desse processo, recomendo as viagens. Não existe maneira melhor de reunir dados sobre um lugar do que viajar para lá e fazer o trabalho você mesmo. Os grandes intelectuais da Restauração Meiji, em meados da década de 1800, viveram em uma época em que o único método de viagens internacionais era uma longa e perigosa viagem por mar. No entanto, eles viajaram para os Estados Unidos e para a Europa para ver com seus próprios olhos e ouvir com seus próprios ouvidos sobre as civilizações modernas de lá. As experiências e inspirações colhidas nessas viagens tornaram-se uma força motriz para o progresso do Japão durante esse período.

Teriam eles que realizar essa árdua viagem? Certamente havia muitos livros da Europa e dos Estados Unidos na época, bem como pessoas dessas regiões que visitavam o Japão. Os intelectuais da época poderiam apenas ter lido os livros e ouvido as histórias de seus visitantes estrangeiros. Mas sabiam que isso não seria suficiente. Sabiam que não é possível compreender um lugar e aprender tudo o que ele tem a ensinar a partir de fontes secundárias. Há um impacto e um imediatismo advindos da experiência em primeira mão que não pode ser transferido.

Tive essa experiência várias vezes no meu trabalho. Hoje, faço duas viagens internacionais por mês. Isso me coloca bastante na estrada (e no ar). Dificulta a administração de minha empresa, já que muitas vezes estou em fusos horários diferentes do de minha equipe em Tóquio. Tira-me do convívio com minha esposa e filhos. Logo, as viagens podem ser um ônus para muitas outras coisas que desejo fazer em minha vida.

Ainda assim, sei que viagens são essenciais para manter uma mentalidade global e estimular a globalização em minha empresa. Há experiências que ocorrem em minhas viagens que eu não poderia vivenciar se estivesse em meu escritório em Tóquio. Certa vez, durante uma viagem curta para a Espanha, eu tinha uma hora livre, então dei uma volta por um mercado em Barcelona. Foi uma tremenda experiência sensorial – ver as cores dos produtos à venda, sentir a energia dos comerciantes e dos compradores, ouvir as conversas sobre compras à minha volta. Fiquei impressionado enquanto andava pelo mercado, pois foi emocionante estar ali. E isso me fez pensar: O que podemos fazer para criar esse nível de entusiasmo em nosso mercado online? O que podemos fazer para dar ao cliente virtual a energia e o prazer sensorial que acontece aqui? Esse tipo de inspiração não é algo que eu poderia ter tido em meu escritório. Se eu tivesse voltado para Tóquio naquela manhã, poderia ter feito um logon no mercado da Rakuten e pensado, *O visual está bonito. Não precisamos fazer nada de novo aqui.* Mas quando viajei e vivi aquela experiência no mercado em Barcelona, minha mente se abriu para novas possibilidades. Foram informações primárias que levei de volta comigo e comecei a aplicar às nossas equipes de web design e ambiente de varejo.

ESTUDE AS HISTÓRIAS DE SUCESSO DO MUNDO

Por que algumas empresas têm tanto sucesso? Para vencer no mercado global, você deve estudar os líderes globais.

Muitas vezes constato que as pessoas não prestam atenção às histórias de sucesso no cenário global. Talvez entendam de maneira detalhada a razão pela qual uma empresa consegue ter sucesso em sua região, mas não conseguem definir muito bem por que algumas empresas são bem-sucedidas em uma escala global. A meu ver, essa é a pergunta óbvia para a nossa época. Talvez seja mais fácil entender por que uma empresa é bem sucedida em sua região e seja mais complicado compreender as razões para o sucesso global. Contudo, essas são as grandes questões que devemos abordar.

Não se trata apenas de uma questão de ter sorte. Existem razões pelas quais algumas empresas são as melhores do mundo. Você deve fazer um esforço para compreender estas razões e encontrar maneiras de aplicar o que aprendeu a seu negócio. Os benefícios do pensamento global abrangem não apenas a oportunidade de ganhar dinheiro no mercado global, mas também a chance de aprender com os líderes no mercado global. E aqui estão três coisas que eles fazem muito bem:

DESENVOLVA UM PRODUTO GLOBAL

Vamos voltar à história dos repórteres que questionaram minha decisão de expandir a empresa para o mercado global. Por que se internacionalizar?

Evidentemente, a primeira razão é porque você precisa de novos mercados para crescer. Porém, outra razão importante é esta: eu sabia que tinha um produto global.

Alguns talvez não percebam como uma empresa como a Rakuten tem um "produto". Não fabricamos produtos. Não somos como a Toyota ou a Mitsubishi. Não temos fábricas, nem produzimos um item que você possa tocar e sentir. No entanto, temos um produto que exportamos para o mercado global. Esse produto é a minha organização.

Quando a Rakuten chega a um novo mercado, leva consigo duas vantagens principais. Uma delas é a plataforma de tecnologia desenvolvida por nós. Outra é o sistema de gerenciamento que criamos para alavancar e administrar essa plataforma tecnológica. Juntas, essas vantagens compõem o produto Rakuten.

A plataforma de tecnologia Rakuten é uma prioridade que eu sabia ser importante desde o início de nossa empresa. Nos primórdios da Rakuten, tínhamos apenas um servidor. Era uma máquina que fui pessoalmente comprar em Akihabara (o bairro de lojas de tecnologia em Tóquio) e trouxe para o escritório sozinho. Humildes começos!

Hoje, o primeiro servidor fica em uma caixa de vidro no hall de entrada da sede, como um lembrete do ponto de onde começamos. Agora, temos *data centers* (centros de dados) espalhados por todo o Japão, e cada um pode abrigar milhares de servidores. Um único centro de dados pode ocupar um prédio de escritórios. Muitas vezes me impressiono quando entro em um desses centros de dados, com suas temperaturas geladas e o zumbido das máquinas, e percebo que é apenas uma pequena parte da vasta internet. À medida que nossa plataforma de tecnologia cresceu, ficou claro que se tratava de um ativo que poderíamos e deveríamos utilizar em novos mercados. Quando viajamos para novas localidades, falamos sobre as possibilidades que a plataforma Rakuten pode trazer, como a expansão para novos mercados ao redor do mundo. Explicamos como a desenvolvemos a fim de maximizar o empoderamento do usuário, permitindo ao comerciante personalizar um site e interagir diretamente com o cliente. O empoderamento é um conceito compreendido globalmente – tornando nossa tecnologia um produto global com apelo global.

Esse foi nosso processo quando entramos em novos mercados. Na Indonésia, conseguimos encontrar um parceiro e lançar uma joint venture. Na Malásia, começamos com uma operação totalmente nova – e construímos o negócio do zero. Em ambos os casos, nossa tecnologia nos permitiu criar e desenvolver novas oportunidades de negócios para nossa empresa e nossos novos parceiros e clientes.

E por olharmos nossa tecnologia como um produto, aplicamos muitas das estratégias dos grandes fabricantes de produtos. Por exemplo, a Toyota ficou famosa por aplicar a metodologia *kaizen*, ou o aprimoramento contínuo. Esta é uma filosofia que lhes permitiu produzir automóveis cada vez melhores, nunca descansando ao atingir um determinado patamar de sucesso. Consideramos nossa tecnologia da mesma forma. Embora agora para nós seja um produto de sucesso, também exigirá manutenção constante para ficar dessa forma. O conceito de *kaizen* talvez seja ainda mais importante no negócio da internet do que na fabricação de automóveis, dada a velocidade em que a internet muda e evolui.

Para manter nossa tecnologia em um estado constante de aprimoramento, lancei uma divisão na empresa chamada Rakuten Institute of Technology, ou Instituto Rakuten de Tecnologia. Este grupo formado por 50 engenheiros, designers e especialistas em informática tem a tarefa de gerar as inovações que impulsionarão nossa empresa, nosso segmento e nossos clientes. De muitas maneiras, o RIT é o fogo sob os pés de nossa tecnologia. Mesmo que a nossa tecnologia esteja contribuindo para alcançarmos novos sucessos, as ideias vindas do RIT dizem claramente: é possível fazer mais. Há espaço para melhorias. Enquanto os grupos do RIT estão localizados em Tóquio, Nova York e San Francisco, os funcionários são recrutados em todo o mundo. Também abrimos centros de Pesquisa e Desenvolvimento (P&D) em vários mercados internacionais, a fim de explorar as ideias e sabedoria que aí possam estar borbulhando.

Mas o produto Rakuten não se resume à tecnologia. Nosso sistema de gestão é o *yin* de igual importância para o *yang* tecnológico. Assim como nossa tecnologia, a organização humana que criamos foi planejada desde o primeiro dia. Foi um processo avaliado com cuidado, e absolutamente fundamental para nosso sucesso. Este é o quadro de referência que eu chamo de *Rakuten Shugi* – o Modo Rakuten. Está representado pelos Cinco Princípios para o Sucesso: Melhorar Sempre, Avançar Sempre; Apaixonadamente Profissional; Formular a Hipótese à Colocar em Prática à Validar → *Shikumika* → (Sistematizar); Maximizar a Satisfação do Cliente, e Rapidez! Rapidez! Rapidez! Vou me aprofundar nesses cinco princípios no capítulo sobre cultura corporativa. Mas já posso adiantar aqui que esses cinco princípios e sua força orientadora em nossa organização são elementos críticos para nosso sucesso global. À medida que nos aventuramos em novos mercados, vamos equipados com nossa tecnologia de ponta e nossa forte organização institucional – um senso claro de quem somos e de como queremos fazer negócios. Isto nos permite apresentar um produto atraente aos parceiros globais. Nosso produto é nossa organização. E estamos encontrando clientes receptivos no mundo inteiro.

Para os repórteres que me fizeram a pergunta: eis porque nos internacionalizamos. Porque temos um produto global – uma organização dinamizada por tecnologia em constante aprimoramento e por sistemas humanos empoderados – capazes de levar a marca de sucesso da Rakuten a novos mercados internacionais.

CRIE UM PROGRAMA GLOBAL DE MARKETING

Se você tem um produto global, precisa de um projeto global de marketing. É demorado e contraproducente reinventar sua mensagem de marketing em cada país que entrar. No entanto, encontrar um tema que funcione em nível global é um desafio complexo.

E para enfrentar esse desafio, é importante não se distrair com os detalhes de seu produto, e prestar atenção nas razões humanas que levam os clientes a comprar de você. Qual a conexão que seu produto faz com os clientes? Em última análise, essa deve ser a fonte de sua estratégia de marketing. Na Rakuten, lançamos nosso primeiro grande projeto de marketing global usando o tema que nos tornou conhecidos entre os pequenos comerciantes em todo o Japão: serviço.

O termo pede uma explicação, uma vez que o tipo de serviço que estou descrevendo muitas vezes não é o que os outros pensam quando ouvem a palavra serviço. Não estou falando sobre os elementos básicos do atendimento ao cliente – oferecer um bom produto a um preço justo, conduzir a venda de forma integrada etc. Esses elementos são necessários a qualquer empresa, e não representam um tema forte o suficiente para levar um programa de marketing global adiante. O tipo de serviço a que me refiro tem um nome especial em japonês. Nós o chamamos de *omotenashi*. É um termo difícil de ser versado com exatidão, mas o melhor equivalente em inglês seria "mentalidade de serviço". *Omotenashi* vai além do conceito ocidental de prestar um serviço ao cliente. *Omotenashi* se concentra mais profundamente na mentalidade do prestador de serviços. Você não está apenas realizando o serviço adequado ao cliente; você está se colocando em uma constante predisposição mental de serviço. Você está se colocando a serviço de seu cliente, não apenas durante a atual transação, mas sempre. Não é uma troca de curto prazo de ações, mas um tema mais abrangente da relação.

Omotenashi é um conceito predominante no mundo da hospitalidade japonesa. Permeia o segmento do turismo, nossos hotéis e pousadas, nossos restaurantes e nossas instituições de artes. E, à medida que a Rakuten amplia sua presença no mercado global, é a mentalidade que quero que permeie nossas ações: um tema de serviço contínuo, profundamente enraizado, com comprometimento pessoal. Não estamos aqui apenas para facilitar as transações de e-commerce, mas para termos uma constante mentalidade de serviço para nossos clientes.

Faço disso um tema não apenas para nossas ações, mas para nosso marketing. Por quê? Este é o tema com o qual desejo que a Rakuten esteja associada conforme expandimos globalmente. Quando chegamos a um país pela primeira vez, a reação natural das pessoas de lá é: O que é Rakuten? Quem é Hiroshi Mikitani? Por que deveríamos querer fazer negócios com essa empresa? Por que deveríamos permitir que esta firma se envolva com nossa economia e com nosso povo?

Um programa robusto de marketing global deveria responder essas perguntas. Deve comunicar aos mercados em que se insere quem você é e o que valoriza. Quando chegamos a um mercado com o tema *omotenashi*, dizemos: "Estamos aqui para servi-los." Isso nos diferencia de outros provedores de serviços de internet. Quando uma empresa como a Amazon entra no mercado, a promessa de marketing se refere à eficiência e rapidez. É claro que também nos esforçamos para oferecer eficiência e rapidez, e valorizamos a importância desses atributos. Mas isso não é a essência de quem somos e do que esperamos concretizar em nossos relacionamentos em novos mercados globais. *Omotenashi* não é um conceito fácil de versar e explicar. Mas é o tema central de nossos esforços de marketing à medida que nos estabelecemos fora do Japão. É a resposta para a pergunta "Quem é a Rakuten?"

COMPREENDA A ESCOLHA: FEDERAÇÃO *VERSUS* IMPERIALISMO

Internacionalizar-se não significa apenas entrar em um mercado; significa também fazer negócios uma vez que esteja lá. A Rakuten tem uma estratégia diferenciada para fazer negócios no mercado global, derivada de nosso conceito de empoderamento. Adotamos o que gosto de chamar de uma estratégia de "federação", em contraste com uma estratégia "imperial". Acreditamos que essa escolha cria a base para o sucesso a longo prazo.

Muitas empresas entram em um novo mercado internacional por meio de uma aquisição (o que já fizemos, certamente; nosso processo de aquisição será detalhado em outro capítulo). Mas o que acontece após a aquisição? Muitas empresas assumem uma postura imperial perante a empresa adquirida. Talvez enviem executivos da matriz para administrar as coisas. Talvez abandonem todos os antigos relacionamentos que a empresa tinha com seus fornecedores locais, e comece do zero. Em suma, elas podem tentar copiar a receita da empresa original no novo país.

Esse processo, em minha opinião, ignora muitos benefícios potenciais, e traz uma série de novos riscos. Entro em um novo mercado sabendo que o empoderamento e a parceria construíram a Rakuten, um tema que deveria conduzir-nos para a frente no mercado global. Quando fazemos uma aquisição, entramos na nova empresa atentos à colaboração. O que podemos fazer juntos que contribuirá para o êxito de todos? Esse foi o processo que seguimos quando entramos no mercado norte-americano, com a aquisição da Buy.com (agora Rakuten.com). Nosso objetivo com aquela aquisição não foi assumir o comando, mas promover novos relacionamentos de colaboração com a rede da Buy.com. Como a Rakuten no Japão, o poder da Buy.com emana de um amplo mercado de pequenas e médias empresas. Na primeira conferência com os comerciantes após a aquisição, buscamos elementos da ficção científica para tentar explicar nossas intenções. A apresentação de abertura da conferência contou com um desenho animado intitulado "Federação contra a Estrela da Morte" (o elenco da Rakuten representava a Federação, e nossos concorrentes eram a Estrela da Morte). Todo mundo riu, mas a mensagem era séria. Salientava nosso processo e nossos objetivos. Não estamos buscando a expansão visando uma aquisição global. Vemos a expansão como uma oportunidade para promover mais empoderamento para todos, para entregar nossa marca de *omotenashi* em um ambiente novo. É evidente que às vezes é mais difícil administrar uma federação. Poderia ser mais simples sermos mais imperiais em nosso processo global. Mas tal atitude iria contra a missão central da Rakuten. Começamos nossa vida aplicando um processo de empoderamento. Agora levaremos essa missão para os mercados globais.

Quando entramos em um mercado com um espírito de colaboração, percebemos que aprendemos tanto quanto ensinamos. Muitas vezes, uma experiência em um mercado internacional nos mostra como resolver um problema maior no sistema de e-commerce. Por exemplo, quando começamos a fazer negócios na Indonésia, descobrimos que os clientes hesitavam em digitar o número de seu cartão de crédito na internet. Uma aura de desconfiança, aliada ao medo de fraude, ainda pairava sobre o e-commerce daquele país. Era possível afirmar que os clientes queriam fazer negócios conosco – eles visitavam nosso site e colocavam itens no carrinho de compras virtual. Mas muitas vezes acabavam abandonando a compra. Um membro da equipe local sugeriu que tentássemos usar um sistema de pagamento na entrega. Montamos equipes de entregadores de motocicletas munidos com dispositivos portáteis, e os enviamos às residências e empresas dos clientes. Os clientes faziam a seleção inicial de um item na internet e, em seguida, enviávamos o entregador para finalizar a transação pessoalmente. Os clientes podiam fazer suas compras sem precisar sentir medo de digitar o número do cartão de crédito na internet.

Isso pareceu-nos um pouco incomum no início, mas deu certo. O sistema de pagamento contra a entrega funcionou, e incentivou esse novo mercado de clientes a confiar em nós e fazer negócios conosco. Estávamos literalmente dispostos a ir além para atendê-los. No final, a iniciativa fez muito mais do que contribuir para nosso negócio na Indonésia. Trouxe-nos um processo novo que agora poderemos adaptar a muitos outros mercados internacionais onde o medo de comprar pela internet ainda é um problema. Aprendemos algo com o nosso parceiro global. Quando chega com uma atitude "imperial", você supõe que já sabe tudo e nada tem de novo para aprender. Quando chega com a ideia de criar uma federação, muitas vezes se surpreende com tudo que seus novos parceiros podem lhe ensinar.

DESENVOLVA UM RH GLOBAL

No início da minha empresa, era relativamente fácil administrar os recursos humanos. Minha primeira equipe era composta por seis homens – todos japoneses, todos mais jovens do que eu na época, e todos educados nos mesmos sistemas de hierarquia e desempenho que eu. Éramos um grupo bem homogêneo, e, por isso, era relativamente simples gerenciar as necessidades humanas desse grupo cuja experiência era tão próxima à minha. Eu podia me orientar exclusivamente por meu próprio padrão, meus próprios objetivos, e minhas próprias necessidades como chefe do RH.

A semelhança na formação e experiência dos indivíduos certamente simplificou meus esforços. Quando disse a esse grupo inicial que estávamos perto de um prazo de entrega e, portanto, todos tinham de dedicar todo o seu tempo e esforço ao projeto – ainda que isso significasse dormir no escritório – encontrei pouca resistência. Essa era uma equipe que entendia as bases culturais de minhas ordens. Tínhamos crescido na mesma sociedade e nossa visão de mundo era semelhante.

Claro que, com o crescimento da empresa, tornou-se mais complicado administrar as necessidades das pessoas. E como a Rakuten segue a estratégia de se tornar uma empresa totalmente global, só se tornará mais complexa a cada ano. A Rakuten de hoje não poderia ser mais diferente do grupo de seis que eu liderava no início da empresa. Hoje, temos operações de e-commerce em 13 países e regiões incluindo o Japão, e em 19 países e regiões incluindo todos os serviços e empresas. Empregamos mais de 10 mil pessoas (incluindo funcionários terceirizados e em meio período) em mais de 30 países, e nosso objetivo é aumentar ainda mais a diversidade de nossa empresa. Na Rakuten de hoje, 14% do quadro de pessoal vêm de outros países que não o Japão. Meu objetivo é elevar este percentual a 39% nos próximos anos. É assim que pretendo tornar a Rakuten uma empresa verdadeiramente global – por meio da diversificação tanto dos países em que trabalhamos quanto das pessoas que empregamos. Ser uma empresa global não se trata apenas dos locais onde você se encontra, mas também a quem você emprega. Uma empresa global naturalmente precisa de uma força de trabalho global.

Dito isso, quando você tem uma força de trabalho global, precisa cuidar dessa força de trabalho de forma que sustente tanto os objetivos da empresa quanto a diversidade dos funcionários dentro dela. À medida que o mundo se torna mais conectado e as fronteiras nacionais não mais restringem a maneira pela qual as pessoas trabalham, a necessidade de desenvolver um processo de RH verdadeiramente global será a prioridade das empresas de sucesso em todo o mundo. A época em que equipes homogêneas faziam negócios dentro de sua própria bolha cultural está se extinguindo rapidamente.

PASSO 1: ESCOLHER UM RUMO

Reuni meus diretores em um retiro para discutirmos a necessidade de uma estratégia global de RH e as opções que tínhamos a nosso alcance. Na época, nosso sistema era meio parecido com uma colcha de retalhos. Tínhamos um departamento abrangente de recursos humanos em nossa sede no Japão. Mas dentro de nosso sistema também tínhamos os departamentos de RH de todas as empresas que havíamos adquirido – e a lista estava começando a ficar muito extensa. Tínhamos "herdado" os escritórios de RH nos Estados Unidos, Reino Unido, Alemanha, França, Taiwan e Tailândia, só para citar alguns. Toda vez que absorvíamos uma nova empresa, seu departamento de RH vinha junto.

Não queríamos atrapalhar o funcionamento dessas empresas adquiridas e desmantelar o sistema que tinha gerenciado as necessidades e exigências da força de trabalho. Afinal, seus departamentos de RH exercem funções vitais ao fornecer benefícios, manter um programa de recrutamento e treinamento, lidar com as questões trabalhistas diárias de promoções, com os aumentos salariais, e tratar com funcionários problemáticos. Ao mesmo tempo, não podíamos permitir que cada empresa adquirida continuasse a operar um sistema de RH fora da cadeia de comando da Rakuten. Tornar-se parte do universo Rakuten significa mais do que apenas adquirir um *status* financeiro. Precisávamos alavancar o RH para implementar não apenas as políticas de trabalho da Rakuten, mas também a visão Rakuten e o Shugi Rakuten. Isso foi fundamental para nos tornarmos uma empresa unificada, não apenas um conjunto de escritórios individuais espalhados pelo mundo. Por isso, era crucial projetar um sistema global de RH. Éramos grandes e diversificados, e pretendíamos nos tornar mais. A hora de agir havia chegado.

Quando analisamos o cenário, consideramos os caminhos trilhados por multinacionais antes de nós. Certamente existem muitas empresas que fazem negócios em todo o mundo e que desenvolveram uma variedade de sistemas de RH para gerenciar essa diversidade. Três sistemas primários eram evidentes no mercado:

Tipo A: Centralização

Este é o sistema de recursos humanos utilizado por muitas empresas. A Apple é um exemplo. Ela mantém uma forte conexão com o país de origem da empresa e depende de funcionários de alto nível na matriz para supervisionar os gerentes locais. O sistema é organizado com executivos globais no topo da pirâmide. Abaixo dessa primeira camada, você encontra um grupo de gerentes da matriz, e ao lado deles um grupo de gerentes locais – gerentes que trabalham em outros locais que não a matriz. Os gerentes da matriz são responsáveis pelos funcionários da mesma, enquanto os gerentes locais supervisionam o pessoal local. Tanto as equipes locais quanto as da matriz se reportam ao executivo global.

A vantagem desse sistema é que ele mantém um rigoroso controle da marca. Os produtos são padronizados dentro das regiões. A estratégia é de exportação. Os produtos e comportamentos são controlados pela matriz. Quando você pensa em uma empresa como a Apple, não é difícil perceber como funciona esse sistema de organização global. Os produtos são os mesmos em todo o mundo.

Se você comprar seu iPhone em Nova York, Tóquio ou Rio, ele terá a mesma aparência e funcionará do mesmo jeito. A Apple não mantém apenas o mesmo padrão em seus produtos – é um tema presente e atuante em suas operações globais. As lojas têm a mesma aparência em todo o mundo. Os funcionários em todo o mundo usam o mesmo uniforme, recebem o mesmo treinamento, e vendem os mesmos produtos. Na verdade, a Apple vigia com rigor qualquer tentativa de seus revendedores de romper com o jeito de atuação da Apple. A marca está intimamente ligada a esta execução uniforme, e a empresa muitas vezes não fará negócios em um mercado onde não possa manter esse nível de controle.

A Amazon também adota esse método de empresa única, um único sistema para suas operações globais. Não importa em que lugar do mundo você esteja ao abrir uma página da Amazon, ela terá a aparência e a organização que a Amazon tornou sua marca registrada. Se você for vendedor, não importa onde esteja ou o que vende, será regido pelas regras estabelecidas pela matriz da Amazon.

Não resta dúvida que esse sistema funciona bem para empresas como a Amazon e a Apple, mas não era adequado para a Rakuten. No sistema centralizado, todos são administrados pelos executivos globais em níveis mais altos, mas não há intercâmbio com os escalões inferiores. A matriz funciona em paralelo, mas não em conjunto com as equipes de outros países. Isso pode ajudar a manter uma identidade rigorosa da marca, mas não permite o tipo de colaboração que pretendemos promover no sistema Rakuten. Não nos expandimos para outros países apenas para vender nesses mercados. Fizemos isso para aprender com as melhores práticas desses países, e para compartilhar conhecimentos e esforços. Além do mais, o sistema de cima para baixo deixa pouco espaço para o processo de empoderamento que valorizamos como empresa. Por todas essas razões, a centralização não é para nós.

Tipo B: Localização

Esse sistema operacional mundial vai ao extremo oposto. Em um sistema localizado, a estratégia de produto varia conforme a localização. A estratégia de desenvolvimento global também é local e autosustentável. As decisões são tomadas no nível local do país, projetadas para lidar com as questões locais diretamente. Na verdade, as únicas questões controladas pelas matrizes no país de origem são as financeiras. Tudo mais é direcionado aos executivos, gerentes e pessoal local.

Esse tipo piramidal de atuação global tem muito pouco espaço para a integração. Apenas o nível mais alto da empresa – os cargos executivos mais altos – teria um sistema integrado no qual os líderes de todos os países poderiam ser aproveitados pela matriz e trabalharem lá. Mas tudo abaixo do nível executivo é totalmente desenhado e situado nas diversas municipalidades. O McDonald's, por exemplo, segue esse sistema de operações globais. Nos Estados Unidos há executivos encarregados de gerenciar os esforços das operações do McDonald's em todo o mundo. Tudo abaixo desse nível executivo é mais regional: na China, por exemplo, o McDonald's emprega um executivo local, gerentes locais e equipe local. Estoca produtos de acordo com o conhecido cardápio norte-americano e com os gostos locais (por exemplo, oferece sundaes de feijão vermelho). Desenvolve estratégias para lidar com os clientes e funcionários em termos locais com o objetivo de gerenciar sua área distinta do mundo e fazer pouco esforço para exportar qualquer conhecimento ou práticas para outras locais do McDonald's no mundo. Por exemplo, o McDonald's no Cairo tem tido grande sucesso com entregas por ciclomotor. Isso se encaixa bem com o costume popular local de entregas rápidas e individuais. Mas há pouca vontade de levar o sistema de entregas por ciclomotor a outros locais.

Embora a estratégia de localização certamente nos agrade por sustentar o empoderamento local, a falta de integração em toda a hierarquia gerencial continua a ser um problema. Apesar de adotarmos e apoiarmos o empoderamento, a Rakuten tem um conjunto central de valores, objetivos e processos dos quais não estamos dispostos a abrir mão quando nos internacionalizamos. Um sistema operacional totalmente localizado tornou bastante provável que tudo o que tínhamos desenvolvido no Japão – nossa cultura, nossos sistemas, e nossa visão – permaneceriam lá. As empresas que adquirimos estariam isoladas da missão que tínhamos desenvolvido na matriz.

Tipo C: Híbrido

A resposta, portanto, foi a adoção de um híbrido desses sistemas – uma combinação de autoridade centralizada e empoderamento local. Com as duas ideologias entrelaçadas, poderíamos criar um sistema que administrasse nossa crescente diversidade. No sistema híbrido, os níveis de executivo global e de gerente global estão totalmente integrados – e buscam recursos humanos de todas as localidades. Precisaríamos de um forte sistema de treinamento e promoção para garantir que os gerentes de todas as nossas localidades teriam a oportunidade de progredir nos níveis hierárquicos locais e passar para os postos integrados de gerente e de executivo. Esses líderes, então, seriam responsáveis por administrar o pessoal local.

Nesse sistema híbrido, a estratégia de produto é localizada e orientada pelas necessidades da base de clientes local. No entanto, a estratégia global de desenvolvimento não está isolada na área local, mas sim, ligada a um sistema de relacionamentos multilateral. Assim, as grandes ideias em um local podem se disseminar. Quando percebemos que as preocupações com segurança na Indonésia poderiam ser superadas com o envio de um funcionário em uma motocicleta para passar o cartão de crédito e finalizar a transação, dedicamo-nos a recriar esse processo em outros países asiáticos, onde preocupações semelhantes com segurança afetaram as vendas do e-commerce. Uma solução em um local pode ser uma solução em outros – a ordem para o RH é criar um sistema em que os funcionários possam se conectar, compartilhar e se relacionar com facilidade e com o apoio da administração.

Esse sistema híbrido é o que vemos em ação em muitas multinacionais de sucesso. A IBM e a Panasonic tornaram o sistema conhecido no segmento de tecnologia. A Proctor & Gamble e a Nestlé o adotaram para desenvolver e comercializar bens de consumo em todo o mundo. De muitas maneiras, esse sistema fez mais sentido para a Rakuten.

Mas ainda que tivéssemos encontrado a estrutura que queríamos, não estávamos prontos para adotar o esquema usado por outras empresas. Por mais que pudéssemos aprender com essas empresas, é preciso lembrar que a Rakuten estava atuando em um mundo novo e conectado. Quando empresas como a Panasonic e a P&G se desenvolveram décadas atrás, não precisaram lidar com o impacto da comunicação digital, do comércio sem fronteiras, e dos mercados globalizados. Então, embora considerássemos essas empresas como um ponto de partida, ficou claro para nós que ainda precisaríamos desenvolver um sistema que aproveitasse o melhor desse modelo híbrido e assentasse em seu topo os processos e sistemas que nos permitiriam prosperar no dinâmico mercado da internet.

PASSO 2: CRIAR UM CAMINHO PARA OS GERENTES

Um dos nossos maiores desafios iniciais foi como treinar e promover os gerentes. Por termos nos desenvolvido no Japão, é natural que nossa trajetória de promoção de funcionários passasse pela matriz japonesa. Mas se quiséssemos ser uma organização verdadeiramente global, isso não poderia continuar. Precisávamos encontrar uma forma de globalizar a trajetória da carreira gerencial.

E o processo começava no recrutamento. Integramos o processo de recrutamento a nossa inglesificação. Queríamos atrair certo tipo de indivíduo para nosso processo de treinamento gerencial, e o inglês desempenhava um papel fundamental nesta iniciativa. Um gerente sênior encarregado de lidar com os novos candidatos falava sobre a necessidade de atrair candidatos ousados e ambiciosos – "carnívoros", como os chamava. Pessoas com iniciativa, um desejo de atacar primeiro e de não se acanhar. Esse gerente dizia que o inglês ajudaria a atrair esses "carnívoros".

"Isso está bastante incorporado na forma como os dois idiomas funcionam", explicou ele. O inglês, dizia, é um idioma direto e específico. Por outro lado, a natureza da língua japonesa leva o falante a ser indireto, menos agressivo e mais reservado.

"Isso pode ser muito bom na literatura ou na filosofia, mas no mundo dos negócios, o estilo de comunicação mais direto é melhor", diz meu gerente. Por esta razão, o inglês tem ajudado meu gerente a atrair aqueles candidatos que são diretos e agressivos, e a eliminar os tipos menos ambiciosos.

A partir daí, montamos duas faixas de carreira para nos ajudar a alcançar nosso objetivo de gestão global integrada e posições executivas.

Para os candidatos que não eram japoneses e aqueles que eram japoneses, mas já eram bilíngues, desenvolvemos um projeto de dois ou três anos com a Japan Ichiba – a empresa de e-commerce com sede no Japão, a primeira e a mais desenvolvida das divisões da Rakuten. Esse é o projeto de nossa matriz, da qual os candidatos participam para assimilar os temas centrais dos negócios da

Rakuten e as várias peças do quebra-cabeças da Rakuten que se reúnem no ambiente da matriz.

Após esse projeto na matriz, os participantes aprovados neste grupo de candidatos estariam prontos para uma missão global. Podem partir diretamente para um projeto ou serem colocados no Pool de Recursos Globais para um projeto futuro. Hoje, esse projeto pode estar localizado em qualquer um das dezenas de países – e estamos acrescentando novos mercados globais rapidamente. As possibilidades são muitas para os candidatos que chegam até nós com habilidades de negócios globais já desenvolvidas. Em virtude de suas habilidades linguísticas bilíngues ou de suas experiências vivendo fora do seu país de origem, esses candidatos com frequência conseguem assimilar rapidamente o modo Rakuten e depois implementam-no em suas missões globais. Essa é uma parte que ganha cada vez mais importância em nosso processo de recrutamento e treinamento gerencial.

Juntamente com essa faixa, criamos outro sistema para nossos candidatos nascidos no Japão. Embora nosso objetivo seja nos tornamos uma empresa global de sucesso, nossas raízes ainda estão no Japão e a maior parte de nossa mão de obra nasceu e foi criada no Japão. É uma força de trabalho que também devemos treinar para a experiência global. Esse grupo vai do recrutamento a uma missão no Japan Ichiba – mas uma missão que talvez tenha duração menor do que a do grupo composto por não-japoneses. Estimamos que os candidatos japoneses de sucesso passem um ou dois anos nesta missão. Daí, são transferidos para o nosso Programa de Experiência Global (PEG). Este programa de treinamento de seis meses de duração foi projetado especificamente para fazer a transição dos trabalhadores japoneses – que talvez jamais tenham sido educados a considerar um trabalho fora do Japão – a acolher o caminho da experiência global. Os resultados desse PEG variam de acordo com o candidato. Alguns concluem o programa e estão prontos para uma missão global. Podem ser designados para o projeto de imediato, ir para o Pool de Recursos Globais para uma missão futura, ou passar outra temporada no Japan Ichiba onde sua combinação de habilidades nativas japonesas é aliada a um contexto de treinamento em educação global.

Nossas faixas duplas para gerentes é uma maneira que nosso sistema de RH tem para reconhecer os desafios que enfrentamos e manter os objetivos da empresa na vanguarda da política de RH. É certo que, à medida que recrutamos em todo o mundo, teremos de lidar com o fato de que a nossa força de trabalho diversificada chegará até nós com diversos idiomas, diversas expectativas culturais e diversas habilidades. Não podemos apenas supor que uma solução sirva para todos quando se trata de candidatos. Isso seria apenas ignorar a realidade de nossa situação.

Ao mesmo tempo, não podemos ter um sistema de treinamento diferente para cada país em que estamos presentes. Isso logo se tornaria inviável. Mas o mais importante, faixas de treinamento em demasia deixam muitas oportunidades para a cultura essencial da Rakuten se perder na versão. A cultura de nossa empresa é o coração de nosso sucesso. É tão importante para mim que dediquei um capítulo deste livro exclusivamente a questões culturais. Um dos meus primeiros livros em japonês foi dedicado exclusivamente à cultura Rakuten. Já que isso é tão fundamental para o nosso sucesso, é adequado supor que nossa faixa de treinamento gerencial considere o treinamento cultural como um princípio fundamental.

Estamos trabalhando para construir um sistema de intercâmbio entre os funcionários como outra forma para que eles vivenciem tanto a matriz quanto o mercado global. Embora o sistema seja em sua maior parte unilateral no momento, os funcionários da Rakuten no Japão são enviados em missões nas filiais no exterior. No futuro, espero que o projeto seja bilateral, e que um número muito maior deles trabalhe junto globalmente. Desde o ano passado, diretores e pessoal capacitado de equipes de desenvolvimento dos Estados Unidos começaram a vir para o Japão em missões de trabalho. Tóquio está funcionando como o centro do projeto, mas espero que o intercâmbio entre outras sedes regionais, como as da França ou Tailândia, logo deslanche.

Em última análise, nosso sistema é uma combinação de treinamento em sala de aula e treinamento no local de trabalho. Mas está infundido com um elemento da cultura Rakuten que é bem diferente do de outras empresas no mercado. Além de aprender com professores e mentores, espero e incentivo os funcionários da Rakuten a aprender uns com os outros. Isso requer um nível de discussão aberta, do qual todos possam participar. E como parte de ensinar uns aos outros, quero que estejamos abertos com as informações internas.

Gosto de pessoas que falam livremente sem esconder nada; eu mesmo sou uma pessoa aberta. Para dar um exemplo extremo de nosso grau de abertura, até as pessoas recém-chegadas na Rakuten Ichiba podem acessar os resultados semanais e tendências para nossas outras empresas. Os sucessos de todas as partes da empresa são constantemente compartilhados. É por isso que acredito que a vivência do "segredo do sucesso" da Rakuten, ou, como gostamos de chamá-lo, o "Mistério Rakuten", será o ativo mais importante na vida de nossos funcionários.

PASSO 3: CRIAR UM CAMINHO PARA OS ENGENHEIROS

Como já mencionei, uma das razões pelas quais não é possível apenas copiar o processo de RH de uma P&G é porque vivemos na era da internet, e muitas das exigências de uma empresa são novas. Uma dessas novas pressões é a competição que qualquer empresa ambiciosa de TI deve participar para atrair e reter grandes talentos da área de engenharia. Enquanto a P&G e outras empresas têm seus próprios desafios de recrutamento, quando olho as metas de RH da Rakuten, um dos elementos que sempre aparece no topo de nossa lista é encontrar e reter os melhores engenheiros. O mundo não tem talentos de engenharia de alto nível em número suficiente, e empresas como a Rakuten estão em contínua caça por talentos.

Na Rakuten, esses grupos de trabalhadores são chamados de unidades de desenvolvimento. Elas são fundamentais para nosso sucesso, pois nos mantêm na vanguarda da tecnologia. A fim de manter nossa posição nas novas tecnologias de ponta, temos de encontrar maneiras de alinhar nossa política de tecnologia com nossa política de RH, garantindo que temos o capital humano para alcançar nossos objetivos de tecnologia.

Começamos esse processo trabalhando para desenvolver os princípios centrais de nossos processos de gerenciamento de tecnologia e inovação. Nosso objetivo é recrutar e treinar os funcionários, de modo que qualquer um de nossos engenheiros possa trabalhar em qualquer uma de nossas unidades de desenvolvimento no mundo. Estamos trabalhando em maneiras de centralizar algumas tecnologias essenciais para que os conjuntos de habilidades sejam aplicáveis nas unidades de desenvolvimento e deem flexibilidade aos engenheiros.

Percebemos o valor de criar uma avaliação especial e sistema de remuneração projetado especificamente para os talentos de engenharia que queremos atrair e reter. Como parte deste projeto, aprendemos a entender os dois níveis de remuneração que os engenheiros de alto nível procuram: recompensas monetárias e não monetárias. As recompensas monetárias são fáceis de entender – engenheiros de alto nível, como todos os indivíduos talentosos e procurados em todo o mundo, querem uma remuneração competitiva, incentivos de longo prazo, remuneração diferida, benefícios de aposentadoria que recompensem a fidelidade, e um bônus de retenção. Qualquer empresa consegue entender isso.

Mas quando se trata de remuneração não monetária, o processo se torna mais complicado. Há muitas coisas que um engenheiro de alto nível quer que nada têm a ver com dinheiro. Na verdade, o elemento que muitas vezes é o mais motivacional não tem valor monetário: a missão.

Engenheiros talentosos querem ser reconhecidos por seus esforços e contribuições. Embora antigamente os engenheiros trabalhassem nos bastidores, hoje não é mais assim. Hoje, um engenheiro de alto nível procura uma carreira que lhe permita estar no centro das atenções. E há também um benefício ainda mais intangível procurado por este grupo: uma conexão de empatia com a alta administração. Os engenheiros no mercado de trabalho competitivo de hoje querem mais do que um trabalho, querem uma missão. E com isso, querem um líder em quem possam acreditar. Este não é apenas um desafio de RH, mas também um desafio de liderança. No cargo de CEO, devo procurar maneiras de comunicar minha visão aos funcionários da Rakuten e ajudá-los a sentir uma conexão emocional com as batalhas que enfrentamos como empresa.

Junto com esse senso de missão, os engenheiros de alto nível buscam elementos adicionais em um trabalho:

- Trajetória de Carreira: Os engenheiros buscam um projeto inicial interessante e atribuições rápidas e transparentes para os projetos. Eles não gostam de ficar "pendurados no pincel", imaginando o que vai acontecer a seguir. Além disso, e talvez o mais difícil, querem ter poder. Querem ter autoridade. Não querem se sentir como se fossem engrenagens de uma máquina. Criar uma trajetória de carreira que abranja esses temas faz parte de nosso desafio de RH.

- Benefícios: Nem todos os benefícios são monetários. Alguns são o que chamamos de benefícios "soft", e ainda assim são de extrema importância para esta força de trabalho crucial. Indivíduos talentosos querem que a empresa ofereça benefícios não apenas em nível individual, mas também em uma escala mais ampla, como um bom restaurante no local de trabalho, horário flexível para os funcionários, ou uma creche no local. Os benefícios desta categoria podem até incluir elementos como um código de vestuário casual. Todos unidos para criar o tipo de ambiente de trabalho que esses engenheiros desejam.

Já estamos começando a ver os resultados de nossos esforços para reter engenheiros de talento excepcional, especialmente quando adquirimos empresas. Embora os engenheiros em grandes empresas no Ocidente muitas vezes se desliguem das companhias quando elas são compradas, eles têm, em sua maioria, permanecido nas empresas adquiridas pela Rakuten. Nos Estados Unidos e na França, por exemplo, existem muitos engenheiros realmente brilhantes. Nós os trazemos para o Japão ou enviamos funcionários japoneses até lá, no esforço de compartilhar as melhores práticas.

Compreender as motivações desse grupo crítico de funcionários é fundamental para nosso sucesso contínuo. Se não estivermos atraindo e retendo os talentos de engenharia, todos os nossos outros esforços serão afetados. Somos, em essência, uma empresa de tecnologia. A TI determina o que somos e o que podemos alcançar.

É certamente um desafio entrar em novos mercados, lançar novos produtos, gerar vendas e aumentar os lucros. Mas, ao mesmo tempo em que tudo isso se apresenta, o enorme desafio de recrutar, contratar e gerenciar pessoas paira no ar. As pessoas não são como produtos. A maneira como lidamos com nossos funcionários é, muitas vezes, o elemento fundamental que estabelece as bases para o restante do trabalho que a empresa se compromete a fazer. Cabe à Rakuten criar um sistema pelo qual esta orquestra mundial de indivíduos possa aprender a trabalhar e prosperar em uníssono na era digital. Nunca voltaremos aos dias que vivi quando fundei minha empresa. Esse arranjo homogêneo dificilmente pode dar certo em um mundo em que todos – clientes, fornecedores, funcionários e gerentes – podem se comunicar com rapidez e precisão através de fronteiras e fusos horários. Uma empresa que tenta administrar suas atividades a partir de um único ponto cultural será ultrapassada pela complexa mentalidade global que já se difundiu na era da internet. Meu leal grupo de seis funcionários nunca seria capaz de agir daquela forma hoje. Esse tempo já passou.

Digo aos novos candidatos que entrar para a Rakuten significa entrar para uma empresa global, uma empresa que vai avançar nesta plataforma mais ampla. Uma empresa global não é apenas uma maneira de ganhar dinheiro, é uma maneira de refazer a interação entre empresas e mercados. E conforme essas inovações tomam forma, a criação de uma estrutura que ajude um grupo diversificado de pessoas a trabalhar em conjunto como uma única entidade será um elemento crítico para o sucesso. Sejam quais forem as grandes ideias que tivermos, serão as pessoas que as implementarão.

CONCLUSÃO

A globalização já é uma condição estabelecida no mercado. E a internet é a responsável por isso. Uma vez que as barreiras físicas para o comércio começaram a cair, surgiu o mercado global. Isso se aplica independentemente de a empresa optar por participar ativamente ou não. Não há como voltar aos dias de fazer negócios apenas dentro de suas próprias fronteiras.

Assim, as perguntas que se apresentam são: Quais empresas farão isso bem? Quais empresas liderarão o caminho e darão exemplos para que as outras as sigam? Há muito em jogo. Esses modelos afetarão a forma como as pessoas em todo o mundo recebem bens e serviços e vivem suas vidas diárias.

Deixe-me voltar e responder à pergunta feita pelo repórter – "Por que se internacionalizar agora?" Porque há mercados em todo o mundo que estão prontos e ansiosos por conhecer nossa marca de empoderamento. Estamos prontos e somos capazes de lhes oferecer isso. É uma colaboração cujo tempo já chegou.

O MODO RAKUTEN

- Leia as notícias mundiais. Não fique satisfeito com fontes locais. Uma nova ideia sensacional pode estar surgindo do outro lado do globo.

- Incentive todos os funcionários a se considerarem funcionários globais. As lições aprendidas em uma região têm aplicações no cenário global.

- Estabeleça planos de carreira que incentivem a experiência global. Torne possível, e até mesmo preferível, que os gerentes trabalhem fora de seus países de origem.

4

REESCREVENDO AS REGRAS DE AQUISIÇÕES

A AQUISIÇÃO DE EMPRESAS

Na história da Rakuten, fizemos dezenas de aquisições. Algumas delas foram significativas e atraíram manchetes – tais como a aquisição da Kobo, fabricante canadense de eReaders. Outras foram pequenas – microempresas que fabricavam software novos e interessantes que gostaríamos de usar. Mas grandes ou pequenas, tenho um carinho especial pelo processo de aquisições. Entendo esse processo não apenas como uma estratégia financeira, mas também como uma maneira de encontrar novas plataformas para minha filosofia, novos seguidores, e uma nova inspiração.

É comum que as aquisições sejam consideradas só como uma forma de ganhar dinheiro. Em vez disso, deveriam ser vistas como novos capítulos da história de uma empresa. São oportunidades para ir muito além de ganhar dinheiro. São oportunidades para que todos os envolvidos alcancem um novo nível de desempenho.

Um executivo sênior em minha empresa gosta de contar esta história sobre meu interesse em aquisições: há alguns anos, quando a Rakuten estava apenas começando a atrair a atenção do mercado no Japão, esse executivo estava trabalhando em sua própria empresa – uma empresa que criava e implementava programas de fidelidade. Conhecemo-nos em um evento de uma associação empresarial, e ele entrou em contato comigo para discutir uma possível *joint venture* ou outro projeto.

Eu não estava muito interessado em fazer uma *joint venture* com a empresa dele, mas não queria ser indelicado. Depois de alguns meses, encontramos um horário em minha agenda e a reunião aconteceu. Estávamos conversando casualmente, quando, de repente, meu visitante teve um lampejo de inspiração. Perguntou: "Você gostaria de comprar a minha empresa?"

Quando ouvi isso, me ajeitei na cadeira, inclinei-me para frente e comecei a encarar a reunião por uma perspectiva inteiramente nova. Meu visitante também percebeu isso. Ele gosta de contar essa história, dizendo: "E foi aí que Mickey *arregalou* os olhos."

Meu visitante levou três meses para conseguir um horário para se reunir comigo, e levou cerca de três semanas para vender sua empresa para a Rakuten. Ele continua a ser um dos executivos sênior da Rakuten até hoje.

Por que acho as aquisições tão interessantes? Eu diria que é porque vejo muito mais do que o dinheiro em jogo na transação. Uma aquisição é uma oportunidade de levar o processo de colaboração e empoderamento que tanto valorizo a uma escala grandiosa. Quando duas empresas entram em um acordo de fusão e aquisição, estão firmando o compromisso mútuo mais sério que existe no mundo dos negócios. Estão concordando em seguir em frente como uma única entidade. Sei que muitos no negócio de fusões e aquisições, ou M&A, em inglês, consideram a aquisição como o início de uma estratégia financeira – uma recuperação rápida para gerar lucro. Eu considero a aquisição como uma maneira de começar um relacionamento longo e rentável – entre empresas, clientes e até mesmo países.

Neste capítulo, explicarei por que procuro oportunidades de aquisição e que passos adoto para escolher e realizar uma aquisição.

POR QUE COMPRAR EMPRESAS?

A razão mais premente para uma aquisição é encontrar novos clientes. É uma razão essencial para as empresas japonesas, já que a economia japonesa sozinha não pode mais sustentar o crescimento. Somos um país com uma taxa de natalidade em declínio e, em meu segmento, somos um mercado maduro. Faz sentido expandir-se além de nossas fronteiras nacionais em busca de novos clientes, e as aquisições podem ser uma ferramenta perfeita para realizar essa expansão.

Claro, a expansão pode ser conseguida simplesmente pela abertura de filiais em novos mercados, mas esse é um processo muito mais lento e trabalhoso. Uma aquisição inteligente compra mais do que um mercado – compra tempo. Quando a Rakuten faz uma aquisição, entra em um mercado não como uma empresa nova, mas como proprietária de um negócio já consolidado. Isso nos permite começar imediatamente a promover um novo crescimento e preparar um bolo maior para todos – inclusive para nós mesmos, para a empresa adquirida, e para todos os fornecedores que se envolveram com a empresa adquirida. Não precisamos passar anos lançando nossos alicerces e estabelecendo um relacionamento de confiança; podemos fazer o que fazemos bem logo no início.

Essa tem sido a estratégia adotada por nós durante nossa disseminação pelo Japão e por outras partes da Ásia, bem como na Europa e América do Norte. Nossas aquisições na América do Norte são ótimos exemplos de como aplicamos o processo. Quando estávamos considerando entrar no mercado norte-americano, ficou claro que já havia vários players importantes e consolidados no país, e indo muito bem – a Amazon e o eBay, por exemplo. Começar do zero nesse mercado colocaria a Rakuten muitos anos atrás dos líderes em termos de desenvolvimento. Em vez disso, procuramos uma estratégia de aquisição para ingressar nesse mercado importante e em expansão. Começamos com o LinkShare em 2005. Depois, passamos para o Buy.com. E então para o Kobo. Todas essas aquisições nos proporcionaram mais acesso aos clientes norte-americanos e também criaram uma base para fortalecer o negócio para todos os envolvidos. Talvez seja esperar demais que um consumidor dos Estados Unidos resolva verificar quem somos e visite a Rakuten Ichiba – talvez esse site fosse demasiado desconhecido para o cliente norte-americano buscar mais informações. Mas esse mesmo cliente se sente à vontade com o Buy.com. E, ao longo do tempo, podemos apresentar esse cliente ao restante do ecossistema Rakuten. Conseguimos ter acesso ao cliente, enquanto os vendedores do Buy.com ganham acesso ao restante da família Rakuten. Todos lucram.

    Embora a aquisição de clientes seja uma estratégia fundamental, outra é a aquisição de talentos. O sucesso no mercado global depende muito da capacidade de uma empresa de explorar o mercado de talentos. Quando adquirimos empresas, expandimos nosso acesso à oferta de talentos disponíveis no mundo. Quando fazemos uma aquisição, nossa intenção, em geral, é que a administração permaneça. Esperamos que os talentos que criaram a empresa que admiramos permaneçam para gerenciá-la em sua próxima etapa, agora como parte do ecossistema Rakuten. Além disso, cada nova aquisição torna a Rakuten mais conhecida e mais visível aos talentos fora do Japão. O processo nos tem trazido muitos benefícios. Recentemente, quase metade das novas contratações da Rakuten foi de candidatos não japoneses. Isso é parte de nossa estratégia para atrair e fomentar uma força de trabalho global, e confirma que nossa estratégia de aquisições está nos trazendo mais benefícios do que os ativos de mercado – também está trazendo capital humano.

Finalmente, a aquisição de empresas nos permite adquirir conhecimentos. Com frequência, quando fazemos uma aquisição, logo vemos que adquirimos não apenas uma empresa, mas um conjunto de soluções. Quando adquirimos a PriceMinister, sediada em Paris, rapidamente ficamos conhecendo as soluções técnicas que haviam desenvolvido para combater as fraudes online. Este é um conhecimento e tecnologia que fomos, então, capazes de aplicar em nossos esforços para entrar em outros países. Temos muitas pessoas inteligentes na Rakuten, é claro, e uma divisão inteira dedicada inteiramente à pesquisa e desenvolvimento. Mas ninguém consegue pensar em tudo, e as aquisições muitas vezes trazem consigo algumas ótimas novas ideias.

COMO COMPRAMOS EMPRESAS

Com todas essas boas razões nos impulsionando para frente, fazemos aquisições frequentes no Japão e ao redor do mundo. Ao longo do tempo, desenvolvemos um processo e institucionalizamos diretrizes. Isso nos ajuda a sermos eficientes e inteligentes quando se trata de aquisições, independentemente de onde estejamos comprando ou do tamanho da empresa na qual estejamos interessados.

Nosso processo tem três pontos principais. Quando compramos uma empresa, procuramos:

- Uma visão de longo prazo
- Uma cultura compatível
- Sinergia de negócios

Falarei sobre cada uma delas em detalhe.

VISÃO DE LONGO PRAZO

No mundo mais amplo das finanças, as aquisições mais rentáveis geralmente são as rápidas. O adquirente pode encontrar uma empresa-alvo, fazer a aquisição, executar uma estratégia como a de cisão de ativos, e sair do negócio dentro de um período definido. Adotamos uma visão de prazo muito mais longo. Quando compramos uma empresa, é muito parecido com um indivíduo que compra uma casa. Os especuladores imobiliários entram e saem de negócios imobiliários, mas um proprietário compra um imóvel com a intenção de permanecer nele, formar uma família, e tornar-se parte da comunidade. É assim que encaramos nossas aquisições. Embora o lucro nos seja importante, não é nosso único objetivo. Estamos à procura de uma "casa", seja uma posição em um novo país ou uma porta de entrada para uma nova linha de negócios. Nossas aquisições são os movimentos de abertura do que esperamos e torcemos que sejam relacionamentos longos e duradouros.

Por essa razão, procuramos parceiros que partilhem nossa visão de longo prazo. Queremos encontrar uma empresa que nos veja como um novo morador do bairro, não como um especulador corporativo. Procuramos empresas que também adotem uma perspectiva plurianual, não a oportunidade de "passar o negócio para frente" e obter um lucro rápido. Procuramos uma administração que esteja considerando as possibilidades de longo prazo. Em parte, isso significa fazer perguntas, mas também buscamos comprovações deste compromisso. Por exemplo, a empresa tem promovido um relacionamento de longo prazo com seus fornecedores? Importa-se por quanto tempo um fornecedor permanece na empresa, e com seu grau de satisfação por fazer parte da rede corporativa? Uma empresa com um "entra e sai" de fornecedores, e que não se preocupa com o fato, não é uma empresa compatível com a Rakuten, é uma empresa com uma visão de lucro de curto prazo e não se encaixa em nosso plano geral.

COMPATIBILIDADE CULTURAL

Quando encontramos uma empresa compatível com nossas metas de negócios e que compartilhe nossa visão de longo prazo sobre o negócio, passamos a buscar um fator fundamental em qualquer colaboração de êxito: a compatibilidade cultural.

Sabemos que na Rakuten não fazemos negócios da mesma forma que outras empresas. O Rakuten Shugi – o Modo Rakuten – é, em muitos aspectos, nossa singularidade. É a essência de quem somos e de como nos comportamos todos os dias. Não há nenhum elemento nos negócios da Rakuten que não abranja os Cinco Princípios e não procure refletir o Rakuten Shugi em tudo que fazemos. Assim, quando procuramos um alvo de aquisição, discutimos o Rakuten Shugi desde logo.

Por que isso é tão importante? Não dá para trabalhar essa questão cultural mais tarde? Essa questão não é "soft", ou subjetiva, não é a razão central para comprar ou não uma empresa? Eu diria que não. Na realidade, a compatibilidade cultural é tão importante que deve ser discutida muito antes de quaisquer considerações financeiras serem abordadas. O Rakuten Shugi é uma grande parte da razão pela qual somos bem sucedidos. Uma compatibilidade com a cultura da Rakuten que deixe a desejar pode indicar outros problemas no futuro.

Por exemplo, um dos elementos do Rakuten Shugi é nossa tradição das terças-feiras pela manhã, quando todos os funcionários – de mim até o membro mais novo da equipe – limpam seu espaço de trabalho. E quando eu digo "limpa", quero dizer que o lugar fica limpo *de verdade*. Recolhemos o lixo. Ajoelhamo-nos no chão e limpamos a área debaixo de nossas mesas. Lustramos as pernas das cadeiras do escritório. Por quê? Porque é uma demonstração de como nos preocupamos com essa empresa e com o trabalho que fazemos aqui. Se houvesse lixo no chão de sua própria casa, pisaria nele e o ignoraria? Não, claro que não, tomaria providências regulares para que sua casa ficasse limpa e apresentável. Porque você se importa profundamente com sua casa e se orgulha de sua aparência. O ritual de limpeza na Rakuten aciona este mesmo lugar emocional. Quando limpamos, e quando colocamos esforço no processo, demonstramos nosso compromisso e dedicação à nossa missão. Esse é o processo pelo qual todos nos esforçamos para cultivar a modéstia e rechaçar qualquer tendência à arrogância.

Reconheço que essa limpeza semanal é incomum. Na verdade, acho que não consigo me lembrar de outro CEO em outro país que lustre sua cadeira de escritório semanalmente. Mas temos muita consideração por esse ritual específico. Quando nos reunimos com um potencial alvo de aquisição, esse é um dos temas culturais que discutimos. Não nos limitamos apenas à limpeza, mas falamos de forma mais ampla sobre o Rakuten Shugi. Não estamos procurando obediência ou subserviência. Estamos à procura de uma empresa que se sinta como nós – que a empresa deve ocupar um lugar em seu coração da mesma forma que sua casa ocupa um lugar em seu coração, e que todos devem cuidar da empresa com a atenção e dedicação correspondente.

Outro elemento essencial de nossa cultura, como discutimos anteriormente, é o empoderamento. Procuramos empoderar todos os participantes do nosso ecossistema, e isso muitas vezes contradiz a maneira como muitos outros no segmento de e-commerce construíram seus negócios. Muitas empresas de e-commerce de sucesso, como a Amazon ou a Zappos, ganham dinheiro servindo o cliente, mas dispensando muito menos atenção e consideração a seus fornecedores. Em nosso negócio, consideramos o empoderamento e a felicidade do fornecedor como elementos tão importantes quanto a felicidade do cliente. Este é outro tema que trazemos à tona logo de saída quando conversamos com um possível alvo de aquisição. Se a ideia de empoderamento da empresa for diferente da nossa, o negócio talvez não tenha uma boa compatibilidade cultural.

Não estamos insistindo que as empresas que adquirimos tenham todas as características do Rakuten Shugi. Seria uma exigência impossível. Mas estamos procurando a atitude certa e uma vontade de acolher o Rakuten Shugi. E foi o que aconteceu quando começamos a negociar com a Play.com, no Reino Unido. Desde o primeiro dia, fomos muito sinceros com eles e eles conosco, e conversamos bastante sobre cultura. Havia muitas diferenças entre nossas operações. Mas havia também algumas "compatibilidades" culturais importantes. Por exemplo, a Play.com estava muito interessada em adotar o conceito de empoderamento e dar-lhe mais importância em seus negócios. Claro, entendemos que a mudança em uma cultura como a do Reino Unido não seria nem rápida, nem fácil. Mas pudemos perceber que, com a mentalidade inclinada para o empoderamento, ainda que o processo levasse tempo, acabaríamos nos encaixando.

Muitas vezes, fica evidente, logo na primeira conversa, quais empresas serão uma aquisição de êxito, e quais não. A discussão sobre cultura revela a existência, ou não, de "química" entre nós. Não estamos à procura de empresas que façam tudo exatamente como nós. Mas queremos, sim, empresas que entendam *por que* fazemos o que fazemos – por que essas coisas têm valor. Em última análise, uma empresa adquirida precisará encaixar-se no Rakuten Shugi. Se não pudermos concordar com isso, não há motivo para falarmos de dinheiro.

SINERGIA DE NEGÓCIOS

Este talvez seja o elemento mais conhecido no mundo empresarial. Qualquer empresa, quando faz negócios com outra, procura sinergias. Procuramos a sinergia entre nós e a empresa adquirida, e procuramos maneiras de expandir essa sinergia após a aquisição.

A sinergia é um motivador essencial do ecossistema Rakuten. À medida que nos expandimos ao longo dos anos, não agregamos linhas de negócios que estivessem distantes umas das outras. Sempre procuramos agregar linhas de negócios que tivessem sinergia com nossas divisões. Isto torna as coisas mais fáceis e mais fluidas para um cliente de uma de nossas linhas que deseje expandir seu relacionamento com a Rakuten por intermédio de nossos outros produtos e serviços. É natural, então, que um cliente de varejo queira experimentar nosso cartão de crédito, nossa agência de viagens, e até nosso serviço de investimentos.

Este é o tipo de experiência sinérgica que procuramos replicar quando adquirimos uma empresa. Procuramos primeiro uma empresa que já esteja em um negócio com sinergia para nós; ou seja, muitas vezes é algum tipo de negócio na área de e-commerce. Em seguida, procuramos maneiras de expandir suas contribuições, trazendo-as para outros elementos de nosso ecossistema Rakuten – apresentando seus clientes a nosso cartão de crédito, nossos serviços de viagens e de investimentos. Finalmente, tomamos este novo negócio e o apresentamos à base global de clientes da Rakuten. Uma empresa que talvez tenha feito negócios em apenas um ou dois países, com nossa plataforma tecnológica manterá, agora, uma presença na web em dez países. Eis exemplos do modo como a sinergia nos motiva. Procuramos pelas sinergias de agora, e pelas sinergias que virão. Desta forma, a aquisição pode transformar a soma de um mais um em dez.

Um dos melhores exemplos desse processo é o da história de nossos negócios financeiros. Embora tenhamos começado nossa empresa no segmento de e-commerce, muitas de nossas primeiras aquisições foram na área de finanças.

Quando nos dedicamos à construção de nossos negócios de serviços financeiros, fizemos isso em grande parte por meio de aquisições. Buscamos aquelas empresas que acreditávamos que agregariam valor ao nosso ecossistema e então as trouxemos para o grupo da Rakuten, incorporando-as ao processo Rakuten, e integrando-as em nosso sistema corporativo global. Em cada caso, a aquisição foi concebida não apenas para agregar mais uma empresa ao nosso império, mas também para fortalecer as empresas que já tínhamos em operação. A sinergia foi o princípio norteador em cada etapa.

Uma de nossas primeiras incursões no mundo financeiro foi a aquisição de uma empresa de cartões de crédito – que viria a ser chamada de Rakuten Card. Nada representa tão perfeitamente a mudança em nossa cultura de consumo como o cartão de crédito. É um símbolo de plástico de nossos tempos. Nos primórdios dos cartões de crédito, ter um cartão e usá-lo era algo extraordinário. O cartão era reservado para os ricos e para compras especiais. Hoje, o cartão de crédito é tão comum quanto o dinheiro em espécie. Usamos nossos cartões de crédito para pagar o cafezinho ou para nos locomover por transporte público. Usamos o cartão para fazer compras no supermercado. É um item cotidiano.

Com o advento do e-commerce, o cartão de crédito passou a ter ainda mais destaque. Agora é um item necessário para quem quer participar da experiência de e-commerce. Se quiser comprar um automóvel ou fazer o download de uma música, o cartão de crédito é parte da transação.

Assim que adicionamos o negócio de cartões de crédito para facilitar as compras, examinamos uma nova área de serviços financeiros quando adquirimos o que se tornaria o Rakuten Bank. Nosso objetivo com esta aquisição: facilitar pagamentos. Fizemos uma série de aquisições que nos permitiram fornecer rapidez e serviços eficazes de remessas e pagamentos.

Talvez não haja um símbolo mais representativo da era da economia tradicional do que os bancos. Durante gerações, foram a manifestação visível do dinheiro e do prestígio. Eram as âncoras das principais ruas de comércio de cidades pequenas e grandes. Eram monumentos físicos à prosperidade e ao poder. Não obstante, embora os bancos continuem a ser importantes para nossas vidas e nosso mundo, sua presença física começou a perder relevância. As principais ruas de uma cidade têm menos pedestres. Pessoas físicas e jurídicas têm menos razões para ir ao centro da cidade até o banco. Os bancos ainda fornecem serviços necessários, mas estão protegidos atrás de um formato antigo – a estrutura de tijolos e cimento. Quando entramos no negócio bancário, não havia dúvida de que iríamos operar de forma virtual. Contudo, também fizemos outras mudanças importantes na experiência bancária tradicional.

Os clientes bancários costumam ser definidos em volume de ativos, mas optamos por utilizar uma métrica diferente. Mensuramos nossos clientes pela frequência de transações. Concentramo-nos na atividade de nossos clientes como um indicador do grau em que estamos atendendo às suas necessidades e de quanto estamos conseguindo fazer parte de suas interações financeiras diárias. No negócio bancário, aplicamos grande parte do que tínhamos aprendido no e-commerce. Usando um modelo de negócios de e-commerce, conseguimos manter nossos custos baixos e suplantar nossos concorrentes.

A receita de sucesso para nossas divisões de serviços financeiros é nosso conceito de sinergia. Por mais bem sucedida que cada divisão possa ser sozinha, nenhuma divisão da Rakuten opera isolada das outras. À medida que fomos agregando e ampliando cada um desses serviços financeiros, procuramos maneiras de integrá-los ao cenário mais amplo do ecossistema Rakuten. Muitas de nossas novas contas na Rakuten Securities (valores mobiliários) também participam de nosso programa de fidelidade operado pela Rakuten Ichiba. Os clientes de valores mobiliários também ganham pontos que podem ser usados no programa de fidelidade.

Mais do que apenas novos empreendimentos, esses foram outros meios pelos quais reescrevemos as regras. Na época, não era comum para uma empresa como a nossa aventurar-se nas áreas de bancos e finanças. Mas isso criou novas formas pelas quais poderíamos oferecer a nossos clientes serviços inovadores a um custo reduzido, reforçando a posição financeira de nosso próprio negócio.

QUANDO UMA AQUISIÇÃO NÃO VINGA

Apesar do nosso sucesso, houve momentos em que nossa estratégia de aquisição não trouxe os resultados que esperávamos. Um deles foi nossa tentativa de comprar o Tokyo Broadcasting System.

Quando cogitei a ideia pela primeira vez, ela tinha grandes possibilidades de sinergia. O TBS era uma empresa independente de radiodifusão, cujo modelo de negócios inicial estava em dificuldades. A tradicional estrutura de mídia, financiada pela publicidade estava perdendo vigor. Eram tantos os consumidores que conseguiam pular os anúncios gravando a programação que a emissora não podia mais assegurar a audiência exigida pelos anunciantes. E isso não se restringia ao TBS ou a qualquer outro canal de mídia japonês – o mesmo desafio era enfrentado pela mídia financiada por anúncios em todo o mundo. Ao ver o desenrolar da situação, comecei a vislumbrar um novo conceito para a difusão de mídia – um conceito que não dependesse do modelo de publicidade tradicional, mas que aproveitasse o poder e o alcance da internet. Imaginei o seguinte: se você combinar a TV com a internet, marca um gol para todos os envolvidos. A TV ganha um novo modelo de negócios, a Rakuten ganha uma nova linha de negócio, e os consumidores ganham conteúdo entregue de uma forma que se adapte a seu estilo de vida. Essa seria uma solução ganha-ganha para todos.

Infelizmente, os líderes do TBS não concordaram com minha visão. A Rakuten adquiriu cerca de 20% do TBS, e pretendíamos, com o tempo, adquirir até 50%. Quando entrei neste negócio, eu sabia que seria um desafio fazer o TBS enxergar a situação do meu ponto de vista. Mas mergulhei fundo no processo, certo de que conseguiria convencer os líderes do TBS da sabedoria de minha visão. Eu sabia que muitos deles tinham feito carreira no negócio de difusão tradicional, e tinham receio das mudanças que estavam ocorrendo no mundo da mídia. Parecia-me tão claro que o mundo havia mudado com a nova tecnologia e que empresas como o TBS também teriam de mudar. Eu estava totalmente preparado para dedicar todos os meus esforços e dar todo o meu apoio para liderar esta transformação no TBS. Não obstante, os líderes do TBS se mostraram contrários à ideia. Fizeram tudo o que podiam para bloqueá-la. Chegaram até a invocar a cláusula *poison pill*.*

O que mais me frustrou foi a forma como o TBS procurou proteger seu antigo modelo, em vez de abraçar o que eu via como óbvio – a mudança que a internet tinha trazido para o mundo da mídia. Por que você gastaria todo seu tempo e dinheiro combatendo uma mudança que já está em andamento? Isso atende aos interesses de quem? A situação me frustrou porque servia apenas para proteger quem estava no poder, não servia para beneficiar o cliente de maneira significativa. A impressão mais profunda que me ficou dessa batalha foi o grau de teimosia das pessoas de idade. Mas, sem dúvida, o erro foi meu. Cometi o erro de não perceber como a liderança do TBS seria resistente à mudança.

Para falar a verdade, essa situação não é exclusiva do TBS, nem mesmo do segmento japonês de mídia. A mídia em todo o mundo vem sentindo a pressão de um consumidor em mudança e das inovações na tecnologia. Algumas empresas se adaptaram bem, acolhendo a mudança; outras lutaram bravamente contra a mudança, tentando preservar o *status quo*.

Em última análise, não consegui concretizar essa aquisição. Depois de um tempo, tive de desistir. Não foi fácil. Perdi muito dinheiro – milhões de dólares. Fiquei frustrado porque tudo parecia tão irracional. Mas foi uma boa lição sobre compatibilidade cultural. Eu tinha uma visão para o futuro, que contemplava mudança e novas ideias. A liderança do TBS tinha uma visão muito diferente para o futuro: protegia o antigo modelo de negócios e combatia

---

* *Nota da Tradutora*: Medidas que uma empresa adota para se defender contra aquisições hostis e pulverização do seu capital.

qualquer tentativa de mudança. Entrei na tentativa de aquisição sabendo que a liderança do TBS estava preocupada com isso, mas eu tinha certeza de que poderia convencê-los. Eu os persuadiria a abandonar um modelo de negócios ultrapassado e a encarar novas possibilidades. Mas não consegui fazer isso. Não havia compatibilidade cultural. Ainda acredito que uma aquisição no segmento de mídia seria muito valiosa para a Rakuten. Acredito que as sinergias existem e que o consumidor está pronto para a evolução da mídia. Só preciso encontrar a empresa que irá partilhar minha visão de longo prazo e minha paixão cultural pela mudança.

APÓS A AQUISIÇÃO

Para encerrar, uma parte importante de minha estratégia de aquisição de empresas vem depois que a empresa foi comprada – o período pós-aquisição. Talvez seja o momento mais crítico do processo, quando todas as partes descobrem se estavam certas ou erradas sobre o sujeito sentado do outro lado da mesa. Os contratos foram assinados. Os recursos trocaram de mãos. Agora, a realidade do novo proprietário bate à porta.

Consideramos essa uma parte importante do processo de aquisição, não só porque afeta a empresa que acabamos de adquirir, mas também porque ajuda a criar nossa imagem de compradores no mercado global. Graças à internet, as notícias viajam rápido. Uma empresa adquirida nos Estados Unidos pode contar rapidamente para o restante do mundo como é ser adquirida pela Rakuten. E nossa intenção é que os primeiros relatórios sejam positivos.

Lidamos passo a passo com esse processo, apresentando ideias e políticas que visa a integração dos novos players à equipe da

Rakuten. Nosso processo na Alemanha é um bom exemplo. Adquirimos a Tradoria, uma empresa alemã de e-commerce, e nos empenhamos em fazer desta nova aquisição a base para a Rakuten Alemanha. Nosso primeiro passo foi apresentar e ensinar o conceito do Rakuten Shugi aos gerentes e funcionários da Tradoria. Demos um "dever de casa" para os gerentes – a leitura de meus dois livros anteriores, *Golden Rules of Success* e *Principles for Success*. Quando terminaram a tarefa, começamos os treinamentos em maior escala e convidamos funcionários mais experientes da sede da Rakuten Tóquio para irem ao país e realizar apresentações sobre o Shugi para toda a equipe. Encarregamos instrutores de treinamento de nossa equipe global de RH para criar um treinamento de Shugi para todos os recém-chegados à empresa.

Enquanto o treinamento em Shugi estava em andamento, trabalhamos simultaneamente para começar a transição nos processos de negócio. Migramos tarefas como reservas e emissão de faturas para o sistema Rakuten. Começamos a implementar um novo sistema de e-mail, que é o sistema usado por todas as divisões da Rakuten no mundo. E poucos meses depois de concluir a aquisição, mudamos a marca, rebatizando a empresa como Rakuten Deutschland, ou Rakuten Alemanha.

Foram apenas os primeiros passos. Claro, a integração de uma nova aquisição é um processo contínuo. Mas esses primeiros passos em que apresentamos nossa cultura corporativa, nossos processos de negócio, e nossas ferramentas técnicas são indicadores-chave de como vamos continuar nosso trabalho de aquisição, mesmo depois de a tinta secar. Fazer a transação é apenas parte do processo. Fazer a transação dar certo depende da criação de relacionamentos de longo prazo e de visão compartilhada, que levarão ao sucesso de todos os envolvidos.

AQUISIÇÃO PARA O BEM GLOBAL

Em última análise, para mim, a aquisição é mais do que uma estratégia de negócios. Também faz parte de minha visão um mundo plenamente conectado. Quando as empresas eliminam suas fronteiras e concordam em unir forças, elas se unem em seu propósito de servir ao bem comum – o bem comum do cliente. Quando as aquisições dão certo, reforçam a percepção de que os concorrentes nem sempre precisam ser rivais implacáveis. Quando uma fusão é bem sucedida, todas as partes participam do sucesso, e isso respalda a ideia mais ampla de cooperação global.

Eis a razão pela qual arregalei os olhos naquele dia, anos atrás, quando meu colega sentou-se em meu escritório e colocou sua empresa à venda. Vi, naquele momento, a chance não apenas de fazer alguns negócios, mas também de fazer algo de bom.

O MODO RAKUTEN

- Considere a aquisição como uma forma de entrar em novos mercados.
- Procure primeiro a sinergia cultural. Isto formará a base para o marketing e desenvolvimento de produtos após a aquisição.

5

REESCREVENDO AS REGRAS DA CULTURA CORPORATIVA

NOSSOS CINCO PRINCÍPIOS

A história dos primórdios da Rakuten pode parecer bem emocionante, já que éramos um grupo de tão poucos contra o grande mundo das empresas. Contudo, devo confessar que nosso tamanho pequeno inicial foi intencional.

Quando abri minha empresa, fiz isso com apenas alguns funcionários. Poderia ter contratado mais. Meu trabalho no Banco Industrial do Japão tinha me colocado em contato com muitas pessoas de grande poder no mundo dos negócios, com quem eu tinha estabelecido relacionamentos sólidos. Muitas delas tinham interesse na empresa e estavam dispostas a apoiar meus esforços.

Ainda assim, comecei pequeno. Motivo: eu queria começar construindo minha cultura corporativa.

A cultura corporativa é, com frequência, a característica de uma organização que acontece por acaso. As tradições, expectativas e processos de uma empresa evoluem e se consolidam ao longo do tempo. A cultura pode vir a ditar tudo, do comportamento no escritório até as decisões estratégicas. Quando você pergunta ao executivo de uma grande empresa, "Como é que esta tradição específica começou?", talvez ele não saiba. Talvez lhe diga apenas que essa é a maneira como as coisas sempre foram feitas. Esse é um exemplo clássico da cultura corporativa acidental. Ninguém sabe por que algo está sendo feito, só sabe que sempre foi feito desse jeito. Quanto mais tempo uma tradição existe, mais enraizada ela se torna.

Esse é um grande erro que muitas empresas cometem. A cultura não é algo que deva ser fruto do acaso ou da inércia. Em vez disso, a cultura pode ser uma força motriz para o sucesso de uma empresa, se for bem administrada e cultivada. Permitir que a cultura brote de forma acidental é o desperdício de uma grande oportunidade. Eu sabia disso desde o início, e fiz todo o possível para ter certeza de não perder essa oportunidade.

Muitas pessoas pensam que a Rakuten teve a sorte de chegar ao sucesso em tão pouco tempo. Respondo que "sorte" nada mais é do que oportunidade aliada à preparação. As oportunidades nem sempre estão sob seu controle, mas a preparação está inteiramente em suas mãos. A criação da cultura corporativa da Rakuten foi minha estratégia de preparação. E dediquei tempo no início para preparar os alicerces culturais da empresa. Então, quando a oportunidade surgiu, eu sabia o que queria obter com ela.

Neste capítulo, detalharei como essa cultura corporativa deliberada criou oportunidades para a Rakuten. Darei detalhes sobre os principais elementos de nossa cultura, explicando por que são importantes, e sugerindo como pode incorporá-los a seu negócio. Não se engane – uma cultura corporativa robusta não se resume a "algo legal". É a base necessária sobre a qual construir seu negócio.

OS CINCO PRINCÍPIOS

Entre em qualquer sala de nossa sede e verá um cartaz na parede com os Cinco Princípios de Sucesso da Rakuten. São os pilares fundamentais de nossa cultura corporativa, e são exibidos como se fossem uma obra de arte, além de figurarem na parte posterior do crachá dos funcionários, para que sejam reforçados continuamente como nossos temas orientadores. Os cinco princípios são:

1. Melhorar sempre, avançar sempre
2. Apaixonadamente profissional
3. Formular → Hipótese → Colocar em prática → Validar → *Shikumika* (Sistematizar)
4. Maximizar a satisfação do cliente
5. Rapidez! Rapidez! Rapidez!

Discutirei cada um deles detalhadamente.

PRINCÍPIO 1: MELHORAR SEMPRE, AVANÇAR SEMPRE

Este é o princípio pelo qual um homem comum torna-se um gênio. Muitos cometem o erro de supor que a genialidade é o "momento eureca", quando algum grande pensamento ou constatação aparece em sua mente como num passe de mágica. E talvez esses momentos "eureca!" sejam reais. Mas há outra maneira de alcançar a genialidade – uma fórmula que praticamente qualquer um pode seguir com atenção e determinação suficiente. Esse é o caminho da melhoria contínua.

O conceito de melhoria contínua é um conceito que se tornou conhecida por intermédio de outra empresa japonesa. Como já discutimos, a montadora Toyota tornou o conceito conhecido no mundo quando apresentou a comunidade global a seu princípio orientador e referiu-se a ele por seu nome em japonês: *kaizen*. *Kaizen* era a palavra de ordem do processo de manufatura da Toyota e foi o que levou a empresa a concentrar-se sempre na fabricação de carros cada vez melhores. Foi o *kaizen* que permitiu à Toyota distanciar-se da concorrência e alcançar uma posição de liderança no mercado automobilístico mundial.

Na Rakuten, pegamos esse conceito de fabricação e o aplicamos às pessoas. Assim como os automóveis podem ser aprimorados, também as pessoas podem. O que é ainda mais animador é que elas podem fazer isso por si mesmas e conduzir seu próprio processo de *kaizen*.

Em geral, as pessoas sempre podem melhorar um pouco. A maioria delas não está utilizando sua capacidade plena, e tem várias habilidades ainda não desenvolvidas. Talvez nunca tenham sido empurradas ou incentivadas a explorar seus limites. Talvez a ideia nunca lhes tenha ocorrido. Muitas pessoas ficam satisfeitas se atingirem os padrões estabelecidos por seus professores, familiares ou supervisores de trabalho. Muitas supõem que, uma vez que tenham se formado e conseguido um emprego, seus esforços valeram a pena. Mas, e se adotassem uma atitude de *kaizen*? E se cada uma olhasse para dentro de si e firmasse um compromisso com a melhoria contínua?

Eis um conceito que realmente me estimula, porque acredito que há um grande potencial inexplorado nas pessoas. Não é razoável pedir a alguém que se torne um gênio da noite para o dia. Mas se você disser a essa pessoa, "melhore um pouco todos os dias" que resultados teria ao longo de um ano? De dez anos? De uma carreira inteira? A diferença é impressionante.

Você pode considerar isso de um ponto de vista matemático. Calcule o aumento diário de 1% durante um ano: 1,01 à 365ª potência. A resposta é 37,78. Mesmo que você só pudesse alcançar uma melhoria de 1% por dia – 1% de *kaizen* ao dia –, no final de um ano o resultado seria 37 vezes maior do que quando começou.

Certa vez ouvi esta história: um homem em busca de sabedoria abriu um livro de uma escola de samurais do período Edo (1603- 1868). O livro continha apenas uma frase: "O eu de hoje triunfará sobre o eu de ontem." Essa é uma visão de *kaizen* descrita com incrível beleza. O objetivo não é se tornar grande da noite para o dia, mas ser melhor a cada dia, sabendo que esse acúmulo de melhorias é o caminho para o sucesso.

Muitas vezes, quando você observa atentamente uma grande invenção ou um momento de genialidade, consegue traçar o caminho do *kaizen* que segue em seu encalço. Pense no exemplo de Thomas Edison e a invenção do fonógrafo. Aquele foi um momento de grande inovação, mas também foi um catalisador para o *kaizen*. Desde então, inúmeros engenheiros têm seguido os passos de Edison e dando-nos o Walkman, o iPod, e os revolucionários equipamentos de som que hoje usamos em todas as formas de entretenimento. O *kaizen* é um processo que enriquece nossas vidas de muitas maneiras, produzindo grandeza de modo contínuo.

A beleza do *kaizen* como tema da cultura corporativa é que qualquer pessoa pode praticá-lo. Talvez na Toyota, no chão de fábrica, você precise de habilidades ou conhecimento especializados para utilizar o *kaizen* no processo de manufatura. Mas qualquer pessoa pode aplicar o *kaizen* a seu próprio trabalho, a qualquer hora, em qualquer nível da organização. Ao aplicar o conselho do samurai

Edo – o "eu de hoje" triunfará sobre o "eu de ontem" – você terá o poder de projetar seu próprio *kaizen*.

Na Rakuten, estamos em um estado de *kaizen* constante. Já estamos na vanguarda das novas tecnologias, mas estamos sempre em busca das maneiras novas e emocionantes pelas quais a tecnologia está evoluindo. Por exemplo, investimos no Pinterest, um serviço de compartilhamento de conteúdo que permite aos membros "prender" imagens, vídeos, e outros objetos em seus murais. Por que fazemos isso? Já temos um negócio robusto de e-commerce. A razão é que, por causa do nosso *kaizen* constante, estamos sempre procurando maneiras de aprimorar nossos esforços. Estamos à procura de novas oportunidades para nossos clientes. Estamos à procura de novas maneiras de aprimorar a experiência de e-commerce. Quando comecei a examinar o Pinterest atentamente, pude perceber essa nova evolução do e-commerce – e-commerce com curadoria – como uma tendência emergente. É uma maneira interessante e nova que os usuários estão encontrando para se conectar usando a internet. E fez todo o sentido para mim encontrar uma maneira de a Rakuten apoiar e participar da próxima nova tendência de atividade na internet. Tenho certeza que o Pinterest será apenas um entre muitos caminhos que buscaremos em nossos esforços contínuos de melhoria. Sempre haverá uma nova tecnologia, uma nova iteração na forma como a tecnologia é usada. Estaremos à procura dessas novidades que representam melhorias e mudanças positivas.

Às vezes, as melhorias podem ser dolorosas. Quando fundamos a Rakuten, iniciamos nossas atividades com uma estrutura que permitia aos comerciantes pagar apenas uma taxa fixa mensal. Quando atingimos determinado tamanho, ficou claro que não podíamos mais manter essa estrutura de remuneração. Aprimoramos o sistema ao adicionar à taxa fixa mensal um percentual dos lucros de cada comerciante.

Não foi uma mudança fácil de fazer. É evidente que os comerciantes se opuseram a isso. Mas não podíamos continuar com o sistema original apenas porque "sempre foi feito assim". O modo Rakuten não é o de se agarrar a um processo por causa da história. O modo Rakuten implica melhorar sempre. A mudança era necessária, e fizemos o melhor possível para comunicar a mensagem aos nossos comerciantes. Explicamos como a mudança melhoraria o destino de todos no ecossistema – comerciantes, clientes, e a matriz da Rakuten.

Vemos evidências do *kaizen* no mercado à nossa volta. Quando você olha para as diferenças entre as culturas corporativas do Google e de muitas empresas de software, o princípio *kaizen* vem à luz. A Google é conhecida por gerar ideias e, se elas não vingam, são abandonadas e seguem em frente. Muitas empresas de software, por outro lado, estão constantemente trabalhando em seus produtos, trazendo novas versões para o mercado quando melhorias são feitas. Essa é uma cultura *kaizen*. Só porque o produto foi lançado não significa que a equipe possa seguir em frente e esquecer-se dele. Na verdade, o oposto é verdadeiro. Esse produto está em revisão constante. A equipe está sempre em busca de melhorias – mesmo aquele 1% de melhoria – que aproximará todos da genialidade.

Pense em você como um programa de software ou um motor de automóvel. Está funcionando a plena capacidade? Pode melhorar? O que pode fazer hoje – o que pode fazer todos os dias – para ter um desempenho melhor? Não espere pelo "grande salto" para frente. Em vez disso, concentre-se em melhorias diárias. Algumas serão grandes, outras, pequenas. Mas, se forem constantes, significarão um gigantesco passo à frente.

Um conselho aos leitores: a adoção do *kaizen* começa com um olhar atento para o absurdo. Quais regras e tradições estão representando obstáculos? Quais os processos que todos executam sem pensar? Esses são os primeiros alvos de melhoria. Recuse-se a tolerar regras antigas e absurdas em silêncio. Questione-as e reveja-as no espírito do *kaizen*.

PRINCÍPIO 2: APAIXONADAMENTE PROFISSIONAL

O que significa ser um profissional? Acredito que emprego a palavra de maneira um pouco diferente do que a maioria das pessoas o faz. Para muitos, a palavra "profissional" significa apenas um indivíduo hábil – alguém treinado para realizar certas tarefas que um amador não conseguiria.

Levo o conceito um passo além em minha própria vida. Para mim, um profissional é alguém que leva seu trabalho a sério e faz dele não apenas uma fonte de renda, mas uma fonte de orgulho e alegria. É por isso que, quando criei o segundo princípio da Rakuten, não disse apenas: seja profissional. Disse: seja apaixonadamente profissional. Essa subcorrente emocional é o componente crítico.

Há muitos profissionais bem sucedidos do mundo. Mas só os profissionais apaixonados são capazes de grandeza. A maioria dos "profissionais" está apenas seguindo o ritmo da vida, realizando suas tarefas, evitando problemas, e progredindo pelos níveis hierárquicos. Essas pessoas estão ganhando a vida, mas não estão progredindo, nem fazendo a empresa ou a raça humana progredir de forma significativa. Quando alguém é um profissional que trabalha com paixão, por outro lado, esse indivíduo é levado a fazer esse trabalho – seja qual for – no nível mais elevado possível para o maior bem possível. Isso acrescenta alegria à experiência, seja qual for sua profissão.

Um de meus filmes favoritos é antigo, e estrelado por Hitoshi Ueki e os membros da trupe de comédia/ banda de jazz japonesa

Crazy Cats. O filme retrata um escritório japonês estereotipado, ao qual os trabalhadores comparecem todos os dias, ignorando as pilhas de papel à sua volta, nada fazendo a não ser jogar cartas e esperar pela aposentadoria. No filme, o protagonista tem a audácia de mergulhar no trabalho e dar conta de todos os papéis e documentos acumulados pelo escritório. Não importa quantas vezes eu assista a esse filme, sempre dou risada quando chega a cena do personagem passando como um tornado cheio de alegria pelo escritório, escavando as pilhas de papéis, organizando a bagunça e dando conta de todo o trabalho negligenciado. Sua energia e emoção são contagiantes. A cena me faz querer sair para trabalhar naquele momento e fazer o mesmo.

Essa é a mentalidade do profissional apaixonado pelo que faz. Essa é a energia, a determinação e a paixão com a qual peço a todos na Rakuten que vivam suas vidas diárias. Trata-se, como mostra o filme, apenas de uma questão de posicionamento mental. Aquelas pilhas de papéis não eram interessantes e desafiadoras para o herói do filme – até que ele se obrigou a encará-las dessa forma. Você deve olhar para suas tarefas como um desafio, a fim de encontrar a alegria no trabalho diário. Qualquer coisa pode ser interessante quando se tem a predisposição mental correta. Se eu lhe pedisse para dirigir cem vezes em torno do cinturão que circunda Tóquio, você poderia achar isso entediante. Mas se eu lhe dissesse tratar-se de uma corrida, você acharia as mesmas 100 voltas muito mais envolventes.

Esse desafio mental pode estar presente em qualquer parte de um dia de trabalho. Até em uma tarefa rudimentar como o armazenamento de estoques, você pode encontrar uma maneira de ser apaixonadamente profissional em seus esforços. Pode encontrar maneiras de fazer a tarefa de forma mais eficiente, usando menos materiais, ou terminando mais rápido. Pode encontrar maneiras de fazer o trabalho que afetariam, de forma positiva, os que estão a seu redor. Pode procurar maneiras de aplicar o que aprendeu nesta tarefa a outras, a fim de melhorar sua produtividade. Toda tarefa merece um esforço profissional apaixonado.

Se seu trabalho consiste em processar documentos, essa também pode ser uma área na qual pode injetar desafio e alegria. Quando trabalhava em um banco japonês, fui inicialmente designado para a divisão de moeda estrangeira, onde a papelada reinava. Estava sempre me desafiando para encontrar maneiras de aumentar a eficiência e eliminar erros. Eu pensava constantemente: *Como posso melhorar esse processo? O que posso fazer para ser mais eficaz e melhorar a vida das pessoas?* Pode parecer um chavão, mas quando sente que seu trabalho está realmente beneficiando alguém, até a tarefa mais aparentemente insignificante pode ser divertida.

Graças à época em que fiquei trabalhando com toda aquela papelada, passei a entender o papel da burocracia em uma empresa maior. Anos mais tarde, quando abri minha própria empresa, essa percepção foi uma arma poderosa para mim. Tenho certeza que se eu só tivesse feito meu trabalho no IBJ com um sentimento de tédio e obrigação, nunca teria aprendido algo valioso naquele período da minha vida profissional. Como me esforcei para ser apaixonadamente profissional quanto à minha papelada, fui capaz de contribuir para a empresa e extrair lições valiosas que aproveitei mais tarde em minha vida. Se não tivesse adotado essa abordagem apaixonadamente profissional em meu trabalho no IBJ, talvez a Rakuten não existisse hoje.

Não há empregos inerentemente interessantes. Existem pessoas que tornam um trabalho interessante com sua abordagem apaixonadamente profissional. A pessoa que encontra alegria e desafio limpando o corredor ou lidando com a papelada burocrática é um profissional apaixonado. Esse indivíduo vai longe.

Mais um conselho aos leitores: pense no exemplo do peixeiro. Existe uma história sensacional nos arquivos da Rakuten sobre um peixeiro que foi entrevistado por um jornalista da cidade sobre o seu trabalho. "Não há nada mais interessante que peixe", disse ele ao jornalista. "Não entendo por que ninguém no mundo quer ser pescador. Isso sempre foi um mistério para mim." Não importa o que faça, se fizer isso bem e com paixão, alcançará o sucesso e a felicidade.

PRINCÍPIO 3: FORMULAR A HIPÓTESE → COLOCAR EM PRÁTICA → VALIDAR → *SHIKUMIKA*

As pessoas atentas ao que escrevo sobre cultura perceberão que a palavra *shikumika* é relativamente nova em meu constructo deste terceiro princípio. Na verdade, o princípio integral é: Formular a Hipótese → Colocar em Prática → Validar → *Shikumika*. (*Shikumika* é a palavra japonesa para "sistematizar"). Embora cada parte seja importante, a palavra final foi a última a juntar-se ao encadeamento.

Neste princípio, peço aos funcionários da Rakuten para garantir que as melhores ideias cheguem ao topo. Quando examina os dois primeiros princípios – *kaizen* e apaixonadamente profissional –, percebe as duas maneiras que usei para incentivar os funcionários a lutar pela grandeza e para ir além dos parâmetros de suas tarefas diárias. Dadas essas instruções, é importante ter uma estrutura clara para toda essa paixão e aperfeiçoamento, de modo que o caos não seja criado. Essa estrutura vem do conceito e da prática de *shikumika*.

O processo de chegar a *shikumika* não é tão complexo quanto parece. Na verdade, temos feito isso na maior parte de nossas vidas.

Pense, por exemplo, em crianças brincando em uma caixa de areia. Uma criança faz uma montanha de areia. Outra traz água do bebedouro e derrama-a sobre a montanha, fazendo um rio. Isso é divertido, então todo mundo faz o mesmo. Logo, todo mundo está entediado. Então, uma criança diz: "E se usássemos um balde para transportar a água?" Elas tentam fazer isso, mas a montanha de areia se desmancha. Agora as crianças dizem: "E se construíssemos uma montanha de areia maior?"

Isso parece brincadeira, mas, na verdade, é o processo que estou defendendo nesta seção. As crianças na caixa de areia estão colocando em prática o princípio Formular a Hipótese → Colocar em Prática → Validar → *Shikumika*. Elas estão sugerindo ideias, colocando-as em prática, avaliando os resultados, decidindo se chegaram ao processo certo ou se precisam voltar e tentar mais alguma coisa. Esse é um processo essencialmente humano. Os humanos da antiguidade o usaram para fazer experiências com ferramentas diferentes. Nós o utilizamos hoje nos esportes e, claro, na ciência.

Esse processo está muitas vezes ausente no mundo dos negócios, e é por isso que o destaco como um princípio fundamental de nossa cultura corporativa. Quando entra no mundo dos negócios, muitas vezes recebe uma diretiva implícita para parar de fazer experiências e começar a seguir ordens. Poucos gerentes aconselham os novos candidatos a pensar por conta própria. Querem que seus funcionários façam o que eles pedem. O problema é que os novos candidatos aprendem apenas a arte de seguir ordens e perdem as habilidades da caixa de areia – as habilidades que lhes permite pensar, tentar e experimentar. Com o tempo, essas habilidades desaparecem completamente, e você fica com uma empresa cheia de pessoas capazes de seguir ordens, mas nada muito além.

Se quisermos ser uma empresa que melhora constantemente, precisamos ter um espírito de experimentação. A fim de fazer isso sem criar o caos, temos de dar aos funcionários da Rakuten um sistema com o qual fazer experimentações.

A hipótese começa com um jogo entre o lado esquerdo e o direito do cérebro. Uma centelha de inspiração acende o lado direito do cérebro, que se alia à lógica do lado esquerdo para se tornar uma hipótese científica. As pessoas tendem a enfatizar o lado direito do cérebro quando falam de inspiração e novas ideias. Mas o lado esquerdo do cérebro tem igual importância. Nem sempre é possível usar a inspiração. O lado esquerdo do cérebro nos dá uma estrutura que ajuda a avaliar as inspirações do lado direito do cérebro – elas são realistas? Será que trarão alguma vantagem? O lado esquerdo do cérebro permite dar este próximo passo.

Comece com uma hipótese, aplique a estrutura do lado esquerdo do cérebro e faça o teste. Examine os resultados e veja se validam a sua hipótese. Se obtiver um resultado positivo, vá para o passo final em nossa cadeia: *shikumika* (sistematizar). Pegue sua ideia e transforme-a em um processo que possa ser seguido. Adicionei *shikumika* a essa cadeia de eventos quando percebi que uma grande ideia só é útil quando é colocada em prática.

Aqui está um exemplo desse princípio cultural em ação na Rakuten. Na tentativa de aumentar nossa taxa de retenção de clientes interessados, testamos uma teoria em nossa matriz. Instituímos uma regra pela qual toda consulta de vendas realizada em nosso site seria respondida imediatamente por um telefonema de um dos nossos representantes. Chamamos isso de "telefonema de dois minutos". Cada novo cliente receberia um telefonema em até dois minutos após fazer uma consulta sobre vendas.

Isso seria útil para nós? Ajudaria a fortalecer nossa conexão com os clientes? Ajudou. Em nosso teste, constatamos que os clientes ficaram surpresos e satisfeitos ao receber uma resposta tão rápida da Rakuten. Reagiram positivamente à mensagem que estávamos enviando – estamos interessados em você de verdade, tanto que vamos responder com rapidez ao seu contato feito pela internet.

E o processo estava pronto para ser sistematizado para uma utilização mais ampla na Rakuten. Mas seria necessário fazer testes sistemáticos antes que estivéssemos dispostos a mudar nosso processo original.

Às vezes, a hipótese não se comprova. Depois de ter a ideia, testá-la e praticá-la, temos uma palavra final: não, não funciona. Quando isso acontece, não fracassamos. Podemos ter certeza de que exploramos a possibilidade por completo. Ideias que nunca são testadas prolongam-se como fumaça no ar e deixam todos distraídos pensando no que poderia ter sido. Quando aplicar um processo padrão de exploração e de testes, até mesmo uma ideia malsucedida ajuda a empresa a avançar. Uma vez testada, a ideia pode ser colocada em repouso e todos podem direcionar suas energias para o próximo desafio.

Enquanto praticamos *shikumika* em nosso processo de negócio, também o realizamos cientificamente em nossos laboratórios de pesquisa, o Instituto Rakuten de Tecnologia. Dentro da estrutura de P&D, aplicamos o mesmo processo aos novos conceitos em tecnologia. Assim como beneficia os negócios, esse rigoroso processo de inovação e experimentação indica quais os novos processos tecnológicos que devemos sistematizar a seguir.

Um conselho aos leitores: ao criar um modelo estruturado a fim de incentivar a exploração de novas ideias, você também precisa estar disposto a ver algumas dessas ideias fracassar. A única maneira pela qual os trabalhadores executarão plenamente as experiências é se tiverem certeza de que não serão punidos por um fracasso. Para encontrar grandes ideias que devam ser sistematizadas, é preciso aceitar todos os resultados do processo de experimentação.

PRINCÍPIO 4: MAXIMIZAR A SATISFAÇÃO DO CLIENTE

Como o *kaizen*, este é um conceito bastante conhecido em todo o mundo. Contudo, tenho minha própria interpretação sobre esta ideia bem difundida. Existem muitas empresas que se dedicam à satisfação do cliente, mas se concentram apenas em seu único cliente final – o usuário final do produto. Em minha mente, este não é o único cliente que pode ser satisfeito. Uma empresa está ligada a vários grupos de pessoas. Os usuários finais são um grupo importante, com certeza. Mas não são os únicos clientes.

Quando falo sobre maximizar a satisfação do cliente, não estou pensando apenas no usuário final – por exemplo, a mulher que compra arroz de um comerciante da Rakuten. Em vez disso, considero todos os "clientes" existentes em meu ecossistema. Esse comerciante de arroz também é meu cliente. Não devo querer maximizar também sua satisfação?

Essa ideia é um tanto radical. A maioria das empresas, até aquelas que se consideram estrelas na satisfação do cliente, não enfatizam os fornecedores ou comerciantes neste processo. Quando a Zappos vende sapatos, a empresa concentra-se em "entregar felicidade" ao usuário final, ou seja, o cliente que compra os sapatos. Embora a Zappos faça um esforço para promover bons relacionamentos com os fornecedores, o seu foco é, em última instância, conseguir um "uau" do cliente final.

O mesmo se aplica à Amazon. A Amazon dedica-se a fornecer a experiência mais eficiente ao cliente, ou seja, o comprador que está disparando cliques de seu computador. Mas eu aposto que a Amazon não despende seu tempo ou esforço com o fornecedor que provê o produto que o consumidor final acabará adquirindo. Para a Amazon – de fato, a maioria das empresas que hoje alardeia seu processo de satisfação do cliente hoje – o importante é o usuário final, ninguém mais.

Discordo dessa definição de satisfação do cliente. Para mim, o cliente é importante, mas não é Deus. A satisfação do comerciante também faz parte do meu trabalho. Quando procuro maximizar a satisfação do cliente, quero que o esforço chegue a todos os meus clientes – meus fornecedores, comerciantes e usuários finais. Todos fazem parte de meu perfil de satisfação. Nenhum grupo deve ser preterido em detrimento da felicidade de outro.

Considere, por exemplo, a história de um dos nossos comerciantes, Koh Takagi, que administra uma empresa bem sucedida de moda por meio da plataforma Rakuten. Sua operação foi um sucesso instantâneo entre os clientes – suas receitas foram de zero a um valor mensal de 30 milhões de ienes (mais de US$340 mil) em apenas quatro meses. Claro, seus clientes finais estavam muito, muito satisfeitos. Estavam entregando mais e mais dinheiro para sua empresa. Contudo, enquanto esse sucesso ganhava força, a vida para Takagi e seus funcionários foi ficando intensa e estressante. "Começamos a viver no escritório", lembra ele. "Era uma luta garantir que todos os itens fossem enviados."

E onde ele encontrou apoio durante aquele começo frenético? Nos telefonemas diários e reuniões com seu consultor Rakuten. Conseguimos proporcionar apoio a este empresário com vendas, design de páginas web, e até um depósito maior. Nós o ajudamos a tornar seus clientes satisfeitos ajudando-o a permanecer satisfeito em seu trabalho.

Acredito que isso cria uma maior satisfação para todos. Os clientes dos nossos concorrentes podem ficar satisfeitos ao receber seus livros de forma rápida e barata, mas não são cegos e surdos à insatisfação na comunidade de fornecedores e comerciantes gerada por algumas políticas. Os grandes fornecedores do mercado têm reclamado porque não conseguem vender para certos clientes adquiridos a partir de compras no mercado. Ressentem-se do mercado que atua tanto como hospedeiro como concorrente, com o poder de oferecer preços inferiores aos deles. Isso prejudica a lealdade de um cliente do mercado, deixando-os abertos às ofertas de uma empresa concorrente – especialmente uma que tenha mais respeito pela comunidade de fornecedores e que usa isso como parte de sua proposta de valor.

Outra observação sobre a satisfação do cliente: entendo que esse imperativo não se aplica apenas aos funcionários da Rakuten que trabalham diretamente com nossos comerciantes. A satisfação do cliente deve ser aplicada a todos nós, inclusive a mim. O que eu, como CEO, faço todos os dias para maximizar a satisfação do cliente?

Uma maneira que tenho para buscar esse objetivo é usar as mídias sociais. Sou um usuário frequente de mídias sociais para promover meu negócio e minhas ideias para os negócios no Japão e no mundo. Usei o Twitter para apresentar minhas ideias para debatê-las. Meus tweets abrangeram uma variedade de tópicos. Com frequência postei artigos interessantes com os quais me deparei, relacionados com negócios, ou notícias econômicas relativas ao Japão ou ao mercado global. Usei o Twitter várias vezes para falar sobre novidades importantes na Rakuten. E de vez em quando, eu apenas fazia um comentário sobre um ótimo restaurante de *ramen*. Deixei o Twitter para usar novas plataformas de mídia social, mas meu interesse na tática permanece elevado. Tudo que publico na mídia social tem um propósito: os assuntos têm a finalidade de manter-me na conversa e deixar claro que considero o canal uma conversa essencial para os negócios, não apenas uma plataforma para bate-papo fútil.

Nem todos os CEOs estão envolvidos nas mídias sociais, e isso pode ser um erro. Não é incomum que pessoas que atingiram os mais altos níveis de uma empresa considerem a mídia social uma ferramenta menor, algo que os jovens usam. Podem apoiar a mídia social como uma ferramenta a ser implantada por seus departamentos de marketing, mas não a aceitam como uma ferramenta para seus próprios esforços de liderança. É uma oportunidade perdida. As ferramentas de mídia social podem ser uma ferramenta poderosa para propagar a liderança de pensamento. Quando quer comunicar seu pensamento estratégico em larga escala, juntamente com seus insights sobre os acontecimentos globais, a mídia social permite que faça isso em tempo real, sem os atrasos característicos de uma publicação tradicional ou discurso. Em vez de reagir aos eventos, você faz parte deles enquanto estão acontecendo no mercado.

Além do mais, o relacionamento entre o CEO e o cliente tem mudado nos últimos anos. Hoje, os clientes não ficam satisfeitos com um líder sem rosto. Eles querem conhecer a pessoa que dirige a empresa. Estão interessados em sua personalidade. Quando assumimos o papel de liderança em uma empresa, devemos aceitar tal realidade.

Mesmo quando estava usando o Twitter, mantive a mente aberta às novas ferramentas que eventualmente surgissem. Vejo a mídia social como mais do que apenas uma ferramenta para aumentar as vendas ou até mesmo uma ferramenta para administrar meu negócio. Também é uma ferramenta que posso utilizar em meu papel como líder na comunidade empresarial em geral. Todos os líderes deveriam procurar formas para aprimorar a comunicação de sua visão e de seus insights. E a mídia social apresenta essa oportunidade. Também apresenta uma maneira de promover o tipo de relacionamento que os clientes esperam.

PRINCÍPIO 5: RAPIDEZ! RAPIDEZ! RAPIDEZ!

Não posso superenfatizar a importância deste último princípio. Mais adiante, neste livro, dedicaremos um capítulo à prática da rapidez na Rakuten – isso indica como ela é importante para nós e para o sucesso dos negócios em geral.

Ela funciona como um dos pilares de nossa cultura.

Algo excepcional sobre um negócio novo e muito pequeno é que as coisas acontecem rapidamente. Alguém tem uma grande ideia, que é testada e avaliada imediatamente. Alguém recebe uma ótima recomendação sobre uma nova opção de negócio, e a empresa pode mover-se rápido para aproveitá-la. Essa rapidez é uma força maravilhosa de uma pequena empresa empreendedora. Achava-a inspiradora e eficaz quando a Rakuten era pequena. Por isso, procurei um jeito de mantê-la como parte integrante da empresa, enquanto crescíamos.

Descobri que a resposta não está em aceitar a esperada lentidão de uma organização maior, mas continuar exigindo rapidez conforme a empresa cresce. Isso nem sempre é fácil. Mas acredito que seja vital para o sucesso de qualquer empresa.

Estou sempre procurando maneiras de ajudar a Rakuten a mover-se mais rápido. Por exemplo, conforme a empresa ia crescendo, fui me frustrando com a duração das reuniões. Para encurtá-las, sugeri uma regra que determinava que todos distribuiriam uma pauta um dia antes da reunião. Isso permitia que todos comparecessem preparados para as reuniões, e não perdessem tempo explicando a todos porque estávamos lá.

Esse é um exemplo bastante simples. Outra prática que tenho adotado gira em torno do uso das mídias sociais. Sempre coloquei grande ênfase na comunicação nesta empresa. Pus em prática várias medidas formais para ter certeza de que a comunicação e a transparência estivessem presentes em todos os momentos da empresa. Estimulo meus funcionários a discutir e compartilhar informações, insights e até problemas que estejam enfrentando. Quanto mais nos comunicarmos, mais poderemos nos ajudar a alcançar os objetivos mais amplos da empresa. Realizo reuniões semanais com a empresa inteira. Até fiz de um idioma comum uma prioridade para todos na empresa, de mim até o funcionário mais novo.

A comunicação formal, porém, é apenas uma parte da minha estratégia. Também quero que os membros da equipe Rakuten comuniquem-se informalmente – em parte porque isso costuma ser mais rápido do que o caminho formal. E, para isso, recorro à mídia social.

A Rakuten é uma grande usuária do Yammer, uma rede social interna projetada especificamente para uso corporativo. O Yammer é como uma conversa aberta acontecendo na empresa o tempo todo. É um ponto de encontro virtual para conversas. As pessoas podem enviar perguntas, comentários, ideias e relatórios.

Como parte da minha estratégia, tenho incentivado os funcionários da Rakuten a usar o Yammer como forma de compartilhar suas ideias e manter as conversas cruzadas fluindo. Quando uma empresa cresce e se espalha entre vários países, como acontece conosco hoje, as comunicações muitas vezes são afetadas. Os fusos horários podem dificultar os telefonemas e videoconferências. Os custos e o tempo podem tornar as viagens físicas um fardo. Isso torna a rede social um fator ainda mais crítico. Para ter certeza de que estamos todos compartilhando nossas informações, é necessário usar uma rede social para possibilitar a conversa. No Yammer, você pode encontrar o texto de discursos recentes que fiz. Verá pessoas que participaram em programas de treinamento fazendo relatórios sobre o que aprenderam. Verá tecnólogos trabalhando em um local publicando uma pergunta e tecnólogos em outros lugares publicando respostas.

Esta é a conversa cruzada de uma empresa em ação. Se todos trabalhássemos em um prédio, esse é o tipo de conversa que ocorreria naturalmente nos corredores, no refeitório, no elevador. Mas à medida que crescemos, a tecnologia nos permite continuar com essas conversas que não são limitadas pelo tempo e pela distância. Sem essas conversas cruzadas, ficaríamos isolados uns dos outros. As grandes ideias podem passar despercebidas, os problemas podem levar mais tempo para serem resolvidos, e oportunidades de liderança podem ser perdidas. Assim como incentivei os comerciantes da Rakuten a usar as mídias sociais para manter contato, insisto que os funcionários da Rakuten façam o mesmo dentro da empresa. Em um mundo dinâmico, muitas vezes não há tempo para esperar por uma reunião presencial ou mesmo um telefonema para resolver ou discutir um problema. As mídias sociais nos oferecem a oportunidade de lidar com essas comunicações em tempo real, e as empresas que se comunicam nesse mundo virtual têm vantagem sobre aquelas sentadas à margem da mídia social.

À medida que uma empresa cresce, há muitos obstáculos para a rapidez. Muitas vezes, os funcionários valorizam a cautela, e isso trabalha contra a rapidez. Todos querem recuar e ver como a liderança vai agir, permitindo-lhes seguir, em vez de liderar. Para combater essa situação, deixei claro que desejo rapidez, não perfeição. Prefiro fazer progressos rápidos e corrigir depois o que está errado a ficar esperando até que todas as possíveis correções tenham sido feitas. Esperar a perfeição não é uma alternativa. Sem rapidez, uma empresa não pode liderar.

O FUTURO DE NOSSA CULTURA

Meu objetivo principal é manter nossa cultura intacta enquanto crescemos e nos expandimos. Quando buscamos aquisições no mercado global, consideramos se empresa será compatível com a nossa cultura. Quando adquirimos uma empresa ou entramos em um novo mercado, enviamos um "embaixador" para ajudar os recém-chegados a se aclimatar ao Modo Rakuten.

Não obstante nossa devoção à tecnologia, existem algumas coisas que a nova tecnologia não pode substituir.

Primeiro, o Asakai. Toda terça-feira de manhã, todos na empresa participam de uma reunião que abrange toda a empresa. Todos. Duas mil pessoas se encaminham para o auditório de reunião na sede da Rakuten. Conexões de vídeo são configuradas de modo que as divisões de todo o mundo possam se conectar e participar. É um encontro que envolve toda a empresa, e que acontece semanalmente. A participação de todos é obrigatória.

E depois de elogiar tanto as mídias sociais, por que ainda insisto nessa reunião semanal? Porque as mídias sociais não podem substituir a proeminência de uma reunião que envolve toda a empresa. Por mais que possamos aprender e entender com as mídias sociais, ainda é apenas um texto que chega até nós em uma tela. O poder de um encontro ao vivo, com relatos feitos por executivos ao redor do mundo, ainda tem mais peso. Você pode ignorar ou dar o mínimo de atenção a algo publicado em um site de relacionamento social. Mas não pode deixar de comparecer à reunião semanal, e quando estiver na reunião, não pode deixar de prestar atenção a quem está com a palavra. Até agora, nada que eu tenha visto no universo da tecnologia pode se comparar ao impacto de eu falar com toda a empresa ao vivo semanalmente.

O segundo elemento insubstituível são as viagens. As mídias sociais podem facilitar a comunicação através do tempo e do espaço, mas ainda não vi um substituto para as reuniões ao vivo. Ainda viajo o tempo todo. Viajo para as reuniões anuais com os comerciantes da Rakuten a fim de encontrá-los e ouvir suas experiências. Acredito que as mídias sociais pudessem ser utilizadas para realizar esta reunião anual virtualmente, mas temo que ela jamais teria as condições necessárias para expressar a emoção e o poder da reunião presencial. Os seres humanos se reúnem em parte porque trocam energia entre si. Embora a mídia social ofereça condições de promover uma conexão para as conversas, não pode substituir a energia que toma conta de um recinto quando um número expressivo de pessoas se reúne para compartilhar histórias de sucesso.

As viagens também são importantes para mim, à medida que a Rakuten cresce e vamos fazendo mais aquisições pelo mundo. Certamente as mídias sociais nos permitirão conversar normalmente com nossos novos parceiros na Europa, Ásia, América do Norte e do Sul. Mas as visitas cara a cara, nas quais todos se encontram e passam a se conhecer, ainda são fundamentais para o processo de aprender a funcionar como um todo.

Para concluir, o idioma comum. Já discutimos em profundidade meu raciocínio para adotar o inglês com idioma comum na Rakuten e para tornar a inglesificação da empresa uma prioridade. Revisito esse tema aqui para dizer que as mídias sociais não podem substituir a conversa real– e para ser verdadeira, a conversa real deve ocorrer sem o intervalo de tempo para um intérprete transmitir seu teor. Apesar de minha equipe ter se tornado hábil em usar as mídias sociais para se comunicar, não abandonei meu objetivo de fazer com que todos na Rakuten tenham um nível qualificado de conversação em inglês.

Nossa cultura construiu nossa empresa. Embora eu use a tecnologia para fazê-la progredir, em última análise, nossa cultura é um sistema de crenças e objetivos compartilhados. Ela representa os temas centrais que buscamos, não importa onde estejamos no mundo, não importa o projeto que empreendamos em um determinado dia. Acredito que isso continuará a ser verdade, enquanto estivermos no negócio.

O MODO RAKUTEN

- Funde sua empresa começando pela criação de uma cultura.
- Coloque suas regras culturais por escrito.
- Torne a cultura uma parte das operações diárias de sua empresa.

6

REESCREVENDO AS REGRAS DA INTERNET

UMA FERRAMENTA DE EMPODERAMENTO, RAPIDEZ E ALEGRIA

Você pode pensar que conhece a internet, mas não conhece.

A tecnologia da internet está enraizada em tantos aspectos de nossas vidas que já se tornou uma segunda natureza. Muitos empreendedores bem informados têm utilizado a internet para criar empresas poderosas, de grande envergadura. Essas empresas chegam a nossas vidas cotidianas com tanta facilidade que nos esquecemos que a internet tem muito mais a oferecer. O senso comum pressupõe que a internet seja uma ferramenta com um conjunto definido de funções. Na verdade, se acreditar em muitos dos atuais líderes do e-commerce, é uma ferramenta para a eficiência, lucro e padronização.

Ela pode ser todas essas coisas. Mas não se limita a elas. Neste capítulo, discutirei minha visão sobre a implementação do e-commerce e como ela se distingue das posições de outros adotaram. Exporei minha visão para a internet e explicarei por que não é apenas uma visão para a minha empresa, mas também uma visão para o mundo e para a humanidade.

A internet não se limita à visão proposta por algumas empresas de sucesso de hoje. Existe outro modo. O Modo Rakuten. Este capítulo revelará nossa visão singular para esta tecnologia com potencial para mudar o mundo.

O QUE É A INTERNET?

A internet não é uma máquina de vendas automática. Se eu pudesse deixar uma única mensagem depois de você ler este livro, seria essa. Muitos dos líderes no setor de e-commerce têm utilizado a internet para criar uma espécie de máquina global de venda automática, em que os consumidores fazem seus pedidos, inserem seus números de cartão de crédito, e esperam a máquina cuspir um produto. Alguns de nossos concorrentes ganharam bastante dinheiro com esse método de máquina de vendas automática – tanto que a maioria das pessoas supõe que essa seja a melhor maneira de usar a internet no comércio global.

Eu diria que essa é uma visão míope e limitada da internet. O processo da máquina de vendas automática só consegue nos levar até certo ponto. Pode entregar alguns bens com eficiência e rapidez, mas não pode abranger tudo o que a interminável variedade de fornecedores globais tem para oferecer. E não pode entregar a satisfação máxima que o cliente quer e merece. A filosofia da máquina de vendas automática é um ponto de partida razoável. Mas a internet poderia ser muito mais do que isso para clientes e fornecedores. Explicarei como.

A INTERNET É UMA FERRAMENTA DE COLABORAÇÃO

A internet representa uma oportunidade imensa e inédita para pessoas semelhantes se encontrarem e trocarem informações. A colaboração é possível de uma forma que nunca havia sido antes.

A tecnologia permite um intercâmbio de informação que promove um novo nível de colaboração entre uma variedade de players – por exemplo, entre fornecedor e comerciante. Nos dias pré-internet, o varejo se movimentava de forma linear – uma linha de montagem de fornecimento. O fornecedor criava os produtos e os entregava ao comerciante. O comerciante vendia-os para o consumidor. Cada participante da cadeia sabia seu lugar na linha de montagem e não havia necessidade – na verdade, não havia como – dos participantes burlarem o sistema. As mercadorias seguiam em linha reta do fabricante até o usuário final.

A internet pega essa linha reta e a reformula em um ciclo contínuo. Quando os participantes do processo de varejo são capazes de colaborar, podem apoiar-se mutuamente, trocar informações valiosas, e criar uma situação em que todas as partes se veem em uma situação melhor. Isso se aplica especialmente ao shopping online da Rakuten e a seus comerciantes individuais. Esses criam bens e serviços, e o shopping Rakuten os entrega ao usuário final – o consumidor. Mas essa relação não é linear. A Rakuten utiliza a tecnologia de internet de forma que cada participante do processo tenha contato com os outros. O comerciante pode vender diretamente para o consumidor. O consumidor pode enviar um e-mail ao comerciante com perguntas ou comentários. A Rakuten pode oferecer aconselhamento e apoio ao comerciante. O consumidor pode utilizar a Rakuten para saber mais sobre outros produtos que deseje comprar.

Embora o processo original de varejo transcorresse em uma linha reta, essa nova experiência de varejo, possibilitada pela internet, é um ecossistema circular. Todas as partes podem se comunicar, compartilhar informações, fazer perguntas, e extrair benefícios da experiência. O comerciante vende mais de seus produtos, o consumidor tem uma experiência mais rica e mais satisfatória, e a Rakuten colhe seu lucro de ambos os relacionamentos. A colaboração faz todas as partes ficarem mais satisfeitas do que ficariam se estivessem em uma experiência linear de varejo.

Imaginamos esse processo colaborativo desde o início. Quando lançamos nosso shopping, recrutamos os primeiros comerciantes com a promessa de colaboração – e estamos cumprindo-a desde o início. Fizemos mais do que apenas oferecer aos comerciantes a oportunidade de participar de nossa tecnologia; unimos as mãos e demos o salto tecnológico com eles.

Também abrimos as linhas de comunicação para incentivar a colaboração não só conosco, mas também com os consumidores. Decidimos desde o início que a comunicação por e-mail seria aberta – que os comerciantes e consumidores poderiam comunicar-se diretamente. Como já discutimos anteriormente, não foi assim que a maioria dos shopping centers na internet foram concebidos na época. Muitos atuavam como guardiões e facilitavam a conversa por e-mail entre fornecedor e comerciante. Removemos essa barreira e permitimos outro nível de colaboração entre comerciantes e consumidores. Os resultados foram notáveis.

Um de nossos primeiros comerciantes foi uma designer de joias chamada Chie Naito. Ela criou uma linha de joias exclusivas que alia artesanato japonês a sofisticados designs europeus. Viajava com frequência para a Europa para tirar fotografias e se inspirar para a criação de novas peças. Seu trabalho era sempre bonito e bem elaborado. Mas o que fez dela uma história de sucesso da internet foi sua capacidade de se comunicar com seus consumidores.

Por intermédio de sua plataforma de e-commerce da Rakuten, Naito construiu uma comunidade dedicada de fãs. Ela publicava os pensamentos sobre seu trabalho e fotografias de suas viagens. Seus consumidores respondiam, publicando seus próprios comentários e se engajando em conversas online uns com os outros. Os consumidores formaram uma comunidade tão unida que até criaram um apelido para si – Beneller –, derivado do nome da loja, Bene Bene.

Naito diz que quando conhece um cliente que sempre compra dela em um evento no mundo real, é "como rever um velho amigo".

"As pessoas dizem que é impossível construir relacionamentos profundos com os clientes através da internet, mas nós fizemos isso", diz ela.

Nossos comerciantes mais recentes tiveram experiências semelhantes. Um vendedor de equipamentos para DJ abriu sua loja de Tóquio ao mesmo tempo em que ingressou na comunidade de e--commerce da Rakuten. O objetivo de Taisuke Ichihara era fornecer o mesmo nível de serviço, tanto online quanto offline. A chave para se fazer isso, segundo ele, é a capacidade de se comunicar com os clientes. Ele mantém um blog da Rakuten com mais de cinco mil assinantes. E não é incomum que um de seus fãs do blog apareça na loja para fazer uma visita. "Já apareceu gente de lugares tão distantes quanto a Coreia e China", diz ele. A conversa virtual permite a Ichihara levar sua oferta de varejo mais além. "Aqui, não estamos apenas vendendo kits para DJ. Estamos construindo uma comunidade onde as pessoas possam desfrutar de música."

Há muitas outras histórias como essa. A abertura do canal de comunicação tem sido benéfica para todos os tipos de varejistas em nosso ecossistema Rakuten. Os clientes tiveram a oportunidade de dizer o que gostam e não gostam sobre os produtos. Os comerciantes tiveram condições de obter informações fundamentais em primeira mão e incorporá-las em seus futuros negócios. Nós da Rakuten continuamos a nos beneficiar com níveis mais elevados de satisfação dos fornecedores e dos comerciantes. A abertura do canal de e-mail foi apenas mais uma maneira de encorajar a colaboração, e a internet foi a ferramenta que tornou tal colaboração possível.

A colaboração não é apenas uma ferramenta de varejo. Colhemos seus vários benefícios de muitas outras maneiras. A internet permite que nossa empresa funcione no cenário mundial – nossos funcionários podem colaborar com tranquilidade e rapidez, independentemente do fuso horário e do continente em que estiverem. Podemos compartilhar informações, ideias e experiências de uma forma que as empresas antes da internet só imaginavam em sonho. Isso não só torna possível a expansão global, como também a torna continuamente rentável.

Nossa ênfase na colaboração não é apenas uma maneira de diferenciar o nosso negócio. Em minha opinião, é a única maneira de alcançar e manter o sucesso. Se usa a internet para controlar o comércio – como fizeram os shoppings no início da Internet, e como algumas empresas de internet continuam a fazer hoje – corre o risco de ver seu sucesso se esgotar. Com o tempo, as partes envolvidas se cansarão do controle que você exerce e procurarão outras opções, se existirem. Elas o abandonarão em busca de mais liberdade e mais possibilidades. Os seres humanos naturalmente querem ser donos de seu destino. Assim, sigo meu processo de colaboração não apenas porque ele é rentável, mas também porque se encaixa mais organicamente com a maneira como os seres humanos querem viver no mundo.

A INTERNET É UMA FERRAMENTA PARA PROPORCIONAR ALEGRIA

Enquanto muitos têm se debruçado na maneira como a internet pode trazer dinheiro, gostaria de lembrar que a internet pode ser uma força para promover a felicidade. E isso me conduz naturalmente ao próximo tópico: como a internet é uma ferramenta para a alegria.

Isso pode parecer um desvio intelectual para uma empresa de e-commerce, mas na verdade é uma parte muito importante de minha filosofia. A internet, da forma como é encarada por alguns outros líderes do e-commerce, assumiu uma imagem muito rigorosa e severa. Por exemplo, se você faz negócios com outros mercados, perceberá que os modelos são definidos e os processos controlados com rigidez. O visual das páginas é consistente e há pouco espaço para expressar-se ou desviar-se das normas.

É assim que nossos concorrentes atuam. Eficiência e controle do começo ao fim.

E isso é divertido? Não muito. Eu diria que, se tirar toda a diversão da experiência da internet, invalidará um objetivo principal dessa tecnologia no mundo de hoje. Os clientes não procuram a internet apenas pela eficiência. Vêm para se divertir.

Se observar o que aconteceu com as compras online, pode ver o desejo por diversão e entretenimento. Os consumidores não visitam apenas as marcas online das quais já ouviram falar. Eles adoram descobrir algo novo e interessante. Querem compartilhar essa informação com seus amigos pelas redes sociais. Conversam online sobre suas experiências com a loja e o produto. As compras na internet não são apenas uma experiência utilitária. São entretenimento.

Isso não chega a causar surpresa quando olhamos para como os consumidores sempre encararam as compras – em parte como tarefa, em parte como entretenimento. Antigamente, ir ao mercado era uma oportunidade de fazer negócios e de socializar com os vizinhos. Em anos mais recentes, foram construídos shoppings para vender produtos e oferecer um novo tipo de mercado para os compradores se reunirem. Os shoppings se tornaram palácios de entretenimento, com praças de alimentação, montanhas-russas e outras distrações para nos ocupar durante as compras. Não é surpresa que o consumidor carregue o desejo de combinar diversão e compras à experiência online. Por essa razão, estamos sempre à procura de maneiras de tornar a experiência de compras Rakuten divertida. Nós nos inspiramos nos primeiros mercados como o Rakuichi Rakuza, o primeiro mercado de livre comércio no Japão, criado por um famoso general samurai. Também entendemos que o consumidor moderno veio à internet para comprar um produto. Mas esse consumidor também está à procura de entretenimento. Criamos nossa experiência online para que ela proporcione diversão e prazer, bem como um produto.

Uma maneira de fazer isso é pelo design de nossa página. Nossos concorrentes procuram maneiras de tornar suas páginas mais eficientes, para que o cliente possa clicar em um produto mais rapidamente, chegar ao caixa mais rápido, pagar e sair depressa. Onde está o entretenimento nessa experiência? Nossas páginas supõem que o cliente quer o que sempre quis do varejo: uma experiência divertida de compras. Nossas páginas empregam uma tecnologia que permite a rolagem constante de páginas – não há necessidade de ficar clicando. Continue na página e explore-a; talvez tenha a alegria de descobrir algo novo, algo surpreendente, como teria feito no mundo físico. A experiência de compras não deve ser reduzida a alguns cliques maçantes. A internet pode proporcionar a alegria de fazer compras de verdade. Por que o consumidor se contentaria com uma alternativa menos divertida?

Muito do que está acontecendo no e-commerce ignora a alegria e entretenimento das compras online. Após o estouro da bolha pontocom, muitos concentraram sua atenção com tanta intensidade nos lucros que transformaram as compras pela internet em uma máquina de eficiência. Isso ignora a razão pela qual os seres humanos compram tanto quanto compram. Claro que vamos às compras em busca de algo além de atender às nossas necessidades. Compramos para descobrir coisas novas, para desfrutar da experiência da descoberta. O mercado, seja real ou virtual, é um ponto de encontro.

Nem sempre é fácil lembrar a todos para perceber a alegria proporcionada pela internet. Ao longo dos anos, muitas emoções negativas têm sido associadas com a internet e com a tecnologia em geral. Lembro-me do final da década de 1990, quando a virada do século se aproximava. Parecia que todo mundo estava em pânico sobre "o bug do milênio". Isto era verdade no Japão e em todo o mundo desenvolvido. O medo era de que uma falha de programação tomaria conta dos computadores quando os relógios passassem de 1999 para 2000, e eles apresentariam falhas em todo o planeta. Os caixas automáticos de bancos ficariam travados. Os aviões perderiam seu sistema de navegação. Os elevadores parariam no meio do trajeto. Alguns ficaram tão preocupados que estocaram suprimentos conforme o Ano Novo se aproximava. O clima em torno da tecnologia era decididamente de apreensão. A mudança no calendário fez todos se perguntarem: Será que nossa tecnologia acabou sendo uma idéia ruim?

Claro, agora sabemos a resposta para a pergunta. O ano 2000 chegou e nada de ruim aconteceu. Nossos computadores continuaram a funcionar. Nossos aviões não despencaram do céu. A tecnologia da qual passamos a depender ainda era confiável. Mas o evento revelou um medo subjacente sobre a tecnologia e seu papel em nossas vidas. Revelou que muitas pessoas no mundo não estavam convencidas de que a tecnologia sempre tenha sido uma coisa boa. Na verdade, elas se perguntaram se a tecnologia era algo que deveríamos temer.

Não prestei muita atenção ao pânico do bug do milênio quando estava acontecendo. Estava muito ocupado recrutando novos varejistas para meu shopping online. Não havia qualquer dúvida em minha mente de que a tecnologia – e a internet especificamente – era uma evolução positiva.

Este potencial de alegria é um dos motivos que me fez entrar para o negócio de internet. Depois que deixei o IBJ, passei algum tempo tentando decidir que tipo de empresa fundaria. Examinei atentamente várias empresas interessantes. Pensei em fundar uma microcervejaria. Investiguei uma linha de padarias. Esses negócios tinham potencial. Eu poderia ter ganhado dinheiro em qualquer um deles. Mas foi a internet que me estimulou. Ali havia tanta possibilidade, e eu sabia que nunca ficaria entediado. Era um negócio que sempre me desafiaria, e isso seria uma fonte perene de alegria para mim.

Não saí do IBJ para entrar no negócio de máquinas de venda automática. O "e" em e-commerce também pode significar entretenimento. Não há nenhuma razão para que o medo de uma nova tecnologia assuma o controle, como aconteceu durante o período do bug do milênio. O e-commerce pode fornecer e fornece um exemplo de como a tecnologia enriquece nossas vidas e cria oportunidades, possibilidades e conexão em escala global. É um tema que a Rakuten recebe com entusiasmo em todos os aspectos de nosso negócio. Não há nenhuma razão para deixar a alegria para trás.

A INTERNET É UMA FERRAMENTA PARA PROPORCIONAR RAPIDEZ

Talvez o benefício mais óbvio que a internet traga para o planeta é sua capacidade de acelerar as comunicações. Quando a informação viaja na velocidade de um clique, todos os tipos de atividades se aceleram junto com ela.

A Rakuten ainda era uma operação coordenada por dois homens quando constatei algo sobre a internet e a rapidez. Vim para o escritório um dia e meu único colega estava lendo o *Wall Street Journal* na tela de seu computador. Isso foi no final dos anos 1990, quando todas as coisas relativas à internet eram ainda bastante novas e estavam evoluindo. Olhei atentamente para a tela do meu colega e percebi que ele estava lendo as notícias daquele dia. Foi um momento inacreditável para mim.

Antes da internet, era necessário um pouco de tempo e esforço para ler o *Wall Street Journal* no Japão. Os exemplares do jornal tinham que ser impressos nos Estados Unidos, colocados em um avião em Tóquio e recolhidos no aeroporto antes que os consumidores no Japão pudessem comprá-los e lê-los. Muitas vezes, como consumidor japonês, eu lia uma edição do *Wall Street Journal* publicada pelo menos um dia (às vezes dois dias) antes. Era o melhor que eu podia fazer, então eu me contentava com a situação. Mas no dia em que vi meu colega lendo o *Wall Street Journal* online em tempo real, soube que a internet tinha promovido uma grande mudança no mundo dos negócios. A mudança estava economizando tempo do processo de negócios. Não importa o que a tecnologia pudesse nos oferecer um dia, naquele momento o benefício era claro: rapidez.

A rapidez da internet faz mais do que apenas colocar os produtos no mercado mais rápido. Também pode tirar tempo de todo o ciclo de negócios – tudo pode acontecer mais rápido. Pense na rota que um produto ou hábito japonês leva para chegar ao mercado americano. Quando menino, morei com minha família em Connecticut por dois anos; acreditava-se que os americanos jamais gostariam de sushi. O prato era muito estranho para o paladar ocidental. Isso mudou, claro. Hoje, existem restaurantes de sushi espalhados pelos Estados Unidos. Mas levou anos para que isso acontecesse. Veja outro hábito alimentar que teve seu início no Japão – o chá de bolhas. Isso começou como um modismo no Japão e a moda pegou em poucos meses nos Estados Unidos. Por quê? As notícias chegam mais rapidamente agora. Quando há um novo produto em um país, os consumidores de outro país logo ficam sabendo. Podem descobrir por que outros consumidores acham o produto desejável. Essa comunicação acelera o ciclo do produto. Apesar de ter levado vários anos de viagens e de experiências para trazer o sushi para os Estados Unidos, demorou apenas algumas semanas e alguns cliques para o chá de bolhas percorrer a mesma trajetória. A internet é a ferramenta mais valiosa que temos para promover a rapidez em todos os setores.

A INTERNET É UMA FERRAMENTA PARA APRIMORAR A CONDIÇÃO HUMANA

Eu me distingo de meus concorrentes de e-commerce em muitos aspectos, mas isso fica mais evidente em minha missão social. Para mim, a internet e o negócio do e-commerce são mais do que apenas uma maneira de ganhar a vida. Como disse antes, eu tinha outras opções quando lancei meu negócio. Minhas possibilidades não eram limitadas. Escolhi a internet em parte porque pude perceber que, além de construir uma empresa, poderia melhorar a vida de outras pessoas ao meu redor.

Nenhuma empresa pode ser verdadeiramente grande a menos que esteja fazendo algo para melhorar a vida neste planeta. E há muitas maneiras pelas quais uma empresa de internet pode melhorar a vida no planeta.

A internet, como a vejo, oferece uma plataforma para as pequenas e médias empresas prosperarem. Antes da internet se tornar uma força no mundo dos negócios, estávamos nos movendo com rapidez para um lugar nas transações comerciais onde as pequenas e médias empresas estavam ameaçadas. Muitos dos bairros de varejo que antes abrigavam pequenos negócios familiares de sucesso perderam seu tráfego de consumidores para os grandes shopping centers. E o varejo não foi o único setor a passar pela consolidação. Muitos outros setores também estavam em contração. As empresas menores estavam sendo expulsas do mercado.

O surgimento da internet como uma plataforma de negócios deu nova vida e novas perspectivas para o pequeno empresário. Para mim, foi um motivo muito estimulante para entrar em um negócio relacionado com a internet. Era mais do que apenas uma forma para eu ganhar dinheiro; era uma maneira de todo um segmento da população ganhar dinheiro. Isso colocou meus esforços de empresário em uma nova categoria. E transformou o propósito de minha empresa de ganhar dinheiro a melhorar a condição humana.

Tenho um livro em meu escritório. É uma coleção de histórias extraídas dos arquivos da Rakuten. Cada capítulo traz o perfil de um comerciante da Rakuten. Há muitas histórias comoventes nessa coleção. Uma delas é a história de uma empresa familiar de tecidos. Ela foi fundada em 1928. Durante anos, o patriarca da família lavava o algodão no rio que corria atrás do prédio, e colocava as peças para secar nas margens. Era um negócio de pequeno porte e especializado. Mas quando o neto assumiu a empresa, a empresa se viu em apuros. Os tecidos baratos importados da China haviam entrado no mercado e o pequeno fabricante de tecidos não podia competir com o preço. Os atacadistas já não faziam negócios com ele.

O neto, que só recentemente havia assumido o cargo de presidente-executivo da empresa, tomou a decisão de mudar o canal de vendas da empresa. Continuou a utilizar suas técnicas tradicionais de tingimento e branqueamento de tecidos, mas em vez de lidar com atacadistas, o neto abriu uma loja na Rakuten e começou a objetivar um novo mercado: as mães. Colocou-se em contato direto com seus usuários finais, preenchendo o boletim virtual da loja com informações sobre as qualidades que tornavam seu tecido um produto especial. Escreveu sobre as técnicas utilizadas para assegurar a alta qualidade do tecido, escreveu sobre as pessoas que fabricavam o tecido e sua dedicação aos padrões de qualidade e segurança. Foi capaz de mudar o posicionamento desse produto de preço para qualidade. Assim, manteve suas portas abertas e seus funcionários empregados. Outra história do livro remonta ainda mais longe à história do Japão. A Taketora é uma empresa em uma região remota do Japão dedicada à arte de fabricar itens com um tipo especial de bambu – uma variedade que só cresce nas colinas ao redor da sede da empresa. O CEO de quarta geração da empresa, Yoshihiro Yamagishi, conta que a internet salvou o negócio da família. "Se não tivéssemos começado a vender online, a empresa provavelmente não teria sobrevivido." Isso teria significado mais do que uma tragédia econômica, diz ele. Teria significado a perda da arte especializada que sua família tinha ajudado a criar. "O bambu tem um poder especial", diz ele. "Se colocar apenas uma única coisa feita de bambu em uma mesa de sua casa, você vai notar. O bambu faz parte da alma japonesa."

Essas são as histórias que reiteram que eu estava certo ao fazer de meu negócio uma empresa de internet, em vez de uma cervejaria ou uma cadeia de padarias. A internet pode mudar a vida das pessoas de maneiras que não eram possíveis antes da disseminação dessa tecnologia.

Nenhuma empresa pode ser verdadeiramente grandiosa se seu propósito for exclusivamente o sucesso financeiro. Um negócio que melhore a condição humana é o negócio que realmente prosperará. A internet é a ferramenta que me permite fazer isso com meu negócio.

E é claro que essa tecnologia tem um impacto que vai além do mundo dos negócios. A internet permite que os seres humanos façam conexões mais rápidas e mais significativas do que nunca. Permite que pessoas criadas dentro dos limites de uma cultura ou de um idioma nacional ultrapassem as fronteiras e expandam seus horizontes. Meu sonho é que a internet facilite não só o comércio pelas fronteiras, mas também que promova maior empatia e cooperação. Um dia, as fronteiras tradicionais definidas por idioma, cultura e identidade nacionais podem chegar a desaparecer, à medida que a internet estimular a humanidade a funcionar como um povo conectado.

E conforme vou construindo e expandido meu negócio, considero isso um degrau em direção a esse novo mundo. Talvez as pessoas de culturas distintas primeiro se familiarizem umas com as outras por meio do envolvimento com o e-commerce. E onde essa conexão inicial poderia levá-las? Se pode se conectar através das fronteiras para fazer negócios, que outros problemas pode solucionar ao se conectar com outras pessoas? A internet possibilita praticamente qualquer escala de mudança. Ao longo da história humana, várias conexões riquíssimas entre culturas díspares foram estabelecidas primeiro pelo comércio. Fazer negócios juntos naturalmente leva as pessoas a aprenderem umas sobre as outras e a encontrar pontos em comum.

Esta visão de um mundo sem fronteiras é a força motriz da minha filosofia sobre a internet. Enquanto meus concorrentes procuram maneiras de usar a internet para colocar rédeas no comércio – para torná-lo mais eficiente, mais rápido, e mais controlado – procuro maneiras de fazer a internet impulsionar a mudança. Forneço um ecossistema na internet que incentiva a experimentação criativa. Não sei exatamente o que meus esforços inspirarão nos outros. Mas sei que precisaremos dessas novas ideias grandiosas para fazer nossas empresas crescer, nossas culturas prosperar, e a vida neste planeta ser a melhor possível.

Sei de uma coisa: as grandes ideias não vêm de uma máquina de vendas automática.

A NOVA FRONTEIRA VIRTUAL: AS MÍDIAS SOCIAIS

Apesar de termos evoluído como uma empresa de e-commerce e prosperado usando ferramentas como blogs e e-mail, novas ferramentas e novas plataformas continuam a proliferar. Estamos sempre em busca da próxima plataforma. E embora ainda seja algo relativamente novo, estamos profundamente envolvidos com as mídias sociais.

Em 2011, desliguei-me de um grupo empresarial de alto nível chamado Keidanren. Tive divergências com seus líderes sobre sua posição em relação à política de energia no Japão. Foi uma disputa comercial bastante comum, exceto por uma coisa: optei por renunciar a meu cargo no grupo de uma forma incomum. Fiz meu anúncio via Twitter. E isso foi notável por várias razões. A Keidanren é uma organização antiga e, de muitas maneiras, ultrapassada. Algo tão sério quanto uma renúncia tradicionalmente não era comunicado em um local público. Nos velhos tempos, meu rompimento com o grupo teria sido realizado a portas fechadas, com uma troca de papelada particular. Minha iniciativa de tornar o debate público por si só já serviu para chamar a atenção.

E havia ainda minha metodologia. Alguém pode romper publicamente com uma organização de várias maneiras – por um comunicado de imprensa, fazendo um anúncio em público ou falando com um jornalista. Eu passei ao largo de todas essas opções e usei o Twitter:

Estou pensando em deixar a Keidanren. O que vocês acham?

Com isso, deixei o mundo dos negócios em polvorosa.

Com apenas um punhado de caracteres, consegui muita coisa. Tornei públicas minhas opiniões sobre as políticas de energia. Revelei minha divergência com os líderes da Keidanren sobre essa questão crítica nacional. E fiz uma declaração significativa em relação ao uso das mídias sociais. Eu não era um adolescente tuitando sobre uma novidade no mundo da música ou da moda; eu era um CEO com uma reputação considerável. Ao usar as mídias sociais, deixei clara minha posição sobre esse canal de comunicação: ele não era mais apenas reservado aos adolescentes. Era uma força na liderança da comunidade empresarial global.

Muitos dos líderes em tecnologia de mídias sociais adotaram nomes bonitinhos para seus produtos – nomes como Twitter, Mixi, Stickies e HootSuite. Esses nomes diminutivos desdenham o poder dessas ferramentas. As mídias sociais não são brincadeira de criança. O segmento é uma força de promoção de mudança nos negócios, na política e em todos os assuntos globais. Na Rakuten, damos grande ênfase ao uso das mídias sociais, e não nos deixamos levar por uma imagem de marca ingênua. São ferramentas sérias para um trabalho sério.

AS MÍDIAS SOCIAIS COMO FERRAMENTA DE NEGÓCIOS

A Rakuten já estava em uma ascensão meteórica quando percebemos um possível redutor de velocidade à frente. Quando começamos nosso negócio, usávamos a internet de um jeito peculiar. Estávamos na frente do pelotão e isso foi nos trazendo grande sucesso. Mas uma ameaça era iminente. Sabíamos que um dia poderíamos ser imitados.

O e-commerce é um negócio em que os imitadores proliferam assustadoramente. É relativamente fácil ver o que a concorrência está fazendo e copiar a fórmula. Se alguém administra uma empresa no mundo físico, pode ser mais difícil para um concorrente estudar os detalhes de seu negócio e invadir seu espaço com uma cópia mais barata e mais chamativa de seu produto ou serviço. Não é assim no e-commerce. O poder da internet é tamanho que os grandes negócios online logo ficam transparentes para todos.

Certamente foi assim no caso do e-commerce para consumidores. No início, os pioneiros tinham o espaço para si. Mas outros logo chegaram em sua cola. E com essa concorrência, alguns clichês do e-commerce começaram a tomar forma. Tornou-se claro que o sucesso no e-commerce dependia de três elementos essenciais:

1. Conveniência. Um site precisava estar aberto e disponível para fazer negócios a qualquer hora, em qualquer lugar. Todos os itens à venda tinham de estar disponíveis em todos os momentos. Os clientes rapidamente aprenderam a esperar e exigir o varejo 24 horas por dia, 7 dias por semana, e rejeitaram qualquer provedor de e-commerce que não seguisse tais regras. Interrupções de serviço e produtos esgotados eram considerados sinais de uma empresa deficiente, e as reputações eram rapidamente afetadas mesmo por curtas interrupções na disponibilidade.
2. Valor. Embora os consumidores nem sempre exigissem o menor preço, exigiam o que viria a ser conhecido como um preço "melhor" – um preço que era razoável, dentro dos parâmetros

do segmento, e comparável com o que poderia estar disponível em outros sites de e-commerce.
3. Segurança. Um site de e-commerce precisava executar uma transação segura e livre de preocupações. Os consumidores precisavam se sentir seguros ao confiar os números de seu cartão de crédito ao site. Eles tinham de ter a confiança de que seu pedido seria tratado de forma rápida e com poucos inconvenientes ou interrupções.

O problema com esses três elementos críticos é que, com o tempo, muitos sites de e-commerce foram capazes de conquistá-los. Apesar de no início ser notável que seu site de e-commerce estivesse sempre disponível ou livre de problemas, como o passar do tempo os consumidores passaram a esperar isso como um direito básico das compras por e-commerce.

Na Rakuten, percebemos que esse dia chegaria – uma época em que todos os principais players de e-commerce seriam capazes de oferecer os três elementos críticos de conveniência, valor e segurança, talvez dali a cinco ou dez anos. O que, então, seria o diferencial do varejista da Rakuten? Como os pequenos e médios comerciantes de nossa lista poderiam esperar atrair clientes quando todos os players do e-commerce poderiam oferecer basicamente o mesmo nível de serviço?

Para lidar com essa ameaça, voltamo-nos para as mídias sociais. Fizemos isso no início, quando a maioria estava usando as mídias sociais como um elemento de entretenimento, ao invés de uma ferramenta de negócios. As mídias sociais eram consideradas algo experimental por muitos quando procuramos incorporá-las ao sistema global da Rakuten. Mas sabíamos que era necessário, já que a generalização da experiência de e-commerce estava por vir. Era só uma questão de tempo.

Chamamos nosso programa de mídia social de *Tencho No Heya*; isso significa "sala do gerente da loja". O que temos procurado fazer com as mídias sociais é criar um espaço virtual em que o gerente da loja pudesse "viver". Este é um espaço na plataforma Rakuten que permite ao comerciante comunicar-se com seus clientes – passados, presentes e futuros. Com o uso das mídias sociais, temos dado ao gerente da loja uma voz na experiência de compras Rakuten.

Não é um espaço para abrigar comentários aleatórios encontrados nas mídias sociais. Em vez disso, instruímos nossos comerciantes a considerar o uso das mídias sociais para três fins principais:

- Realçar a atratividade de sua loja.
- Acolher os clientes e proporcionar-lhes um espaço exclusivo.
- Gerenciar as atividades de e-commerce com eficiência e eficácia.

AS MÍDIAS SOCIAIS E OS COMERCIANTES

Temos incentivado os comerciantes a publicar informações que possam ajudar o cliente a desenvolver um relacionamento mais pessoal com o gerente da loja – como se essa pessoa não fosse um vendedor virtual no ambiente de e-commerce, mas sim, um comerciante de bairro na cidade do cliente. Dissemos aos comerciantes que, para isso acontecer, precisavam publicar mais do que apenas informações básicas sobre seus produtos e serviços. Precisavam adicionar um toque pessoal.

Os comerciantes têm respondido. Muitos, por exemplo, publicam diários sobre o desenvolvimento de seus produtos. Permitem que os clientes fiquem informados sobre o processo de criação de um novo produto que será colocado à venda. Isso permite que os clientes vejam o que está envolvido na fabricação de um produto, e a dedicação e investimento do comerciante.

Outros comerciantes usam a plataforma para contar histórias singulares de sua linha de produtos específica. Um comerciante, vendedor de ovos, publicou um teste diário que fazia com os ovos para determinar sua qualidade. Publicou que os ovos que vendia eram os melhores disponíveis em qualquer lugar. Para prová-lo, fotografou um ovo com um palito preso no meio. O palito não caiu, ressaltou o comerciante, o que indicava a qualidade superior dos ovos. Ele realizava esse teste e publicava os resultados diariamente – uma comprovação diária para o seu produto, que atraía os fãs interessados em ver o que aconteceria com os ovos em determinado dia.

Foi uma forma original e envolvente encontrada pelo comerciante para chegar a seus clientes em potencial. Certamente, um comerciante poderia apenas dizer: "Os ovos que vendo são da melhor qualidade." Em vez disso, disse: "Fique ligado enquanto demonstro que esses ovos são da melhor qualidade." O uso das mídias sociais tornou a declaração sobre o produto mais interessante e atraente para o consumidor. Logo o comerciante passou a ter um excesso de pedidos de ovos – um feito notável, uma vez que os ovos estão disponíveis em vários lugares e certamente não precisam ser adquiridos online. No entanto, os consumidores ficaram convencidos, em parte devido ao uso inteligente que o comerciante fez da mídia social, que esses ovos, em especial, tinham qualidade superior. A história dos ovos havia sido contada com habilidade e credibilidade. Os ovos comuns encontrados no supermercado não vêm acompanhados de uma história pessoal: não podiam competir.

Outros comerciantes têm usados as postagens nas mídias sociais para permitir que os clientes os acompanhem em viagens para comprar produtos. Estes diários de viagem permitem ao cliente visitar os bastidores e ver como os materiais são adquiridos. Também é uma ótima maneira para os clientes entenderem como o que compram está conectado com o mundo a seu redor. Pela internet, os consumidores acompanharam os comerciantes da Rakuten enquanto eles compravam materiais no Japão, viajavam a outros países para conhecer novos materiais e produtos, e permitiram que os leitores vissem como um pequeno comerciante interagia com a economia global.

Os comerciantes têm utilizado ferramentas de mídia social para colocar um rosto humano na experiência de e-commerce. Com frequência, as postagens são usadas para apresentar os novos empregados aos clientes, ou para atualizá-los sobre o progresso feito pelos comerciantes com determinados produtos. Isso ajuda a construir a sensação de proximidade que um cliente pode esperar em uma loja de bairro, que muitas vezes tem se mostrado ausente em um ambiente de e-commerce.

Naturalmente, esses momentos personalizados são combinados com as comunicações comerciais mais tradicionais, tais como notícias sobre eventos da loja, informações sobre novos produtos e descrições detalhadas dos produtos à venda. O conteúdo publicado nas mídias sociais permite que os comerciantes da Rakuten aliem a comunicação tradicional de varejo a informações mais personalizadas e exclusivas, o que faz os clientes se sentirem mais próximos deles.

Um elemento crítico para a estratégia de mídia social da Rakuten é uma diversidade de plataformas. As empresas criam dificuldades para elas mesmas quando escolhem uma única ferramenta. No atual ambiente da internet, todas as ferramentas estão em constante perigo de se tornarem obsoletas. Mesmo quando uma nova ferramenta sensacional está desfrutando sucesso e popularidade, há alguém, em algum lugar, em um laboratório de Pesquisa e Desenvolvimento trabalhando febrilmente para criar algo ainda melhor. Isto é particularmente verdadeiro em um espaço como o das mídias sociais, que tem atraído tantas pessoas criativas e de espírito empreendedor. Eu mesmo passei por isso ao usar as mídias sociais. Embora o Twitter tenha atendido às minhas necessidades, agora estou passando para novas plataformas de mídia social. Nenhuma estratégia de mídia social é para sempre. O espaço é singularmente fluido.

Por esse motivo, é importante enfatizar a diversidade de plataformas de mídia social. Jamais quis que os comerciantes da Rakuten ficassem atados a uma plataforma – eles devem usar muitas delas e supor que usarão ainda mais plataformas no futuro. Essa é a melhor atitude mental para o sucesso. Fizemos um estudo de nossos comerciantes em 2012 e descobrimos que eles estavam usando o Facebook, Mixi, Google+ e Twitter. Criamos uma tela pela qual nossos comerciantes podiam acessar essas ferramentas com facilidade e eficiência. O resultado é que os comerciantes da Rakuten não apenas usam um tipo de mídia social, mas também participam do ambiente integral de opções de mídia social, e serão capazes de fazer isso mesmo quando houver recém-chegados entrando nesse espaço. Em tecnologia, sempre há uma invenção sendo lançada. Para ser bem sucedido, você deve adotar o que já está disponível e também estar pronto para o que quer que esteja chegando – porque alguma coisa sempre está chegando.

Como parte de nosso treinamento de comerciantes, nós os encorajamos a considerar as postagens nas mídias sociais não como uma forma unidirecional de comunicação, mas como um componente de conversas. A tecnologia permite que os comerciantes não apenas forneçam informações, mas também se envolvam em um intercâmbio com o consumidor – e, de fato, os consumidores hoje esperam esse nível de comunicação personalizada. Quando um cliente publica uma resenha, por exemplo, estimulamos o comerciante a comentar e responder. Outros clientes também podem publicar seus comentários e respostas. Isso cria razões para que o cliente possa estar presente no quadro de avisos – para interagir com o comerciante e também com outros clientes. Ao fornecer este espaço de comunicação, o comerciante fortalece seu relacionamento com o cliente.

Quando criamos ferramentas para nossos comerciantes usarem, buscamos maneiras pelas quais o uso de mídias sociais forneceria um fluxo contínuo de benefícios para seus negócios. Asseguramos, por exemplo, que nossas ferramentas permitissem não apenas a comunicação escrita, mas também a exibição de informações visuais. Grande parte da experiência dos usuários de internet é visual, e asseguramo-nos de que os comerciantes da Rakuten também pudessem se comunicar dessa maneira. Mesmo quando um comerciante publica informações que não estão relacionadas com as lojas, os elementos visuais da loja permanecem visíveis, proporcionando uma indicação visual rápida para o cliente, mesmo quando o texto não está vendendo algo diretamente.

Também criamos um widget de exibição de artigos para ajudar os comerciantes a disseminar notícias sobre seu trabalho. Quando os comerciantes publicam artigos em sua plataforma *Tencho No Heya Plus+*, o título do artigo é automaticamente listado no widget de exibição de artigos. Isso não só atrai mais leitores para o artigo, mas também ajuda a melhorar o desempenho do comerciante em resultados orgânicos de busca.

Finalmente, criamos ferramentas que permitiram a nossos comerciantes ver o desempenho de seus esforços nas mídias sociais, dando-lhes a oportunidade de fazer ajustes a fim de obter o máximo de eficiência. As ferramentas de análise visual da Rakuten permitem aos comerciantes analisar seus *page views* e *unique users*. Elas também permitem acompanhar o desempenho de determinadas palavras-chave, bem como classificam as informações demográficas dos clientes por idade e sexo.

Como parte de nosso treinamento, temos incentivado os comerciantes da Rakuten a entender quais foram as ferramentas de mídia social mais bem utilizadas em diferentes pontos do ciclo do cliente. Cada comerciante tem necessidades diferentes em momentos diferentes, e nós os ajudamos a compreender o valor das ferramentas de mídia social para solucionar questões distintas no atendimento ao cliente. Para atrair os consumidores – para reuni-los no site – a publicação de artigos é uma ferramenta que cria burburinho, ou buzz, em inglês. Para fazer uma venda, um comerciante pode publicar comentários para se comunicar diretamente com os consumidores e resolver problemas específicos. Tão logo os consumidores tenham concluído a venda, ocorre o processo de entrega *omotenashi* – atendimento de nível superior e pessoal. Para isso, a ferramenta de quadros de avisos pode ser utilizada em conversas frequentes, longas e detalhadas. Os comerciantes são incentivados a entender que nem todas as ferramentas de mídia social são iguais, é preciso considerá-las com cuidado para saber quando determinada ferramenta pode ser apropriada.

Com todas essas ferramentas, equipamos nossos comerciantes para ficarem na vanguarda da inevitável comoditização do e-commerce. Quando a maioria dos sites de e-commerce estava alcançando os padrões básicos de conveniência, melhor preço e segurança, os comerciantes da Rakuten já estavam hábeis em usar as mídias sociais para manter uma experiência personalizada e diferenciada, que não poderia ser copiada pela concorrência. Não importa quantos vendedores de ovo coloquem uma loja na internet, nosso comerciante de ovos da Rakuten ainda terá uma vantagem, porque vem usando as mídias sociais para contar sua história, criar uma conversa, e ficar em contato com seus clientes de uma forma particular e interessante. Outra pessoa pode abrir uma loja e competir com ele em conveniência, preço e segurança. Mas esse concorrente também terá de competir com nosso comerciante em contar histórias. E a esse respeito, nosso empresário está em vantagem.

Entretanto, não exigimos que nossos comerciantes usem ferramentas de mídia social. Muitos vêm para o mercado Rakuten com pouca experiência em e-commerce, e até mesmo aprender a usar o computador já é um grande passo. O mundo dinâmico das mídias sociais pode parecer ainda mais complexo e inatingível. Mas consideramos que é nossa tarefa oferecer as ferramentas e o treinamento pertinentes. Nós as projetamos para os iniciantes, e procuramos enfatizar que o uso das mídias sociais pode aumentar as vendas. Não se trata de obrigar o comerciante a usar uma forma específica de fazer negócios, mas sim, de oferecer as melhores e mais recentes oportunidades para seu sucesso. Quando você examina com atenção as experiências dos comerciantes bem-sucedidos da Rakuten, não é incomum encontrar indivíduos que começaram com poucas habilidades técnicas, mas rapidamente dominaram a arte da comunicação pelas mídias sociais. Quando lhes mostramos o que é possível, reagem com entusiasmo.

Estou confiante em nossa estratégia de mídia social em parte porque é parte integrante do nosso negócio. Nossa paixão pelas histórias pessoais sempre foram um componente do processo da Rakuten. De muitas maneiras, estávamos seguindo esse caminho de conversas compartilhadas e histórias pessoais, antes mesmo do surgimento da maioria das ferramentas de mídia social. Quando começamos, muitas vezes fomos chamados de "um blog que tinha um carrinho de compras anexado". Essa foi uma referência ao que enfatizávamos. A Rakuten era, inicialmente, um ponto de encontro para as pessoas, suas histórias e conversas. Anexado a esse processo importante estava nosso mercado e nossos serviços comerciais. Esse é o tema que nos diferenciou das Amazon e outros sistemas de "máquina de vendas automáticas" de desenvolvimento de e-commerce.

Nunca nos interessamos em criar uma experiência uniforme e descaracterizada. Sempre estivemos interessados no indivíduo e na história que esse indivíduo estava pronto para contar ao mundo. Como sempre ressaltamos o processo de contar histórias, com o surgimento das ferramentas de mídia social, temos conseguido reuni-los com confiança e entusiasmo. É como se estivéssemos à espera deles.

As mídias sociais representam uma ameaça para nós? Alguns sugerem que um mercado virtual como o da Rakuten está ameaçado pela ascensão das redes sociais. Claro que há novas ferramentas que permitem pesquisar produtos em vários sites, e poderiam ser vistos como concorrentes. Mas vejo as redes sociais menos como uma ameaça e mais como colaboradores em potencial que acabarão beneficiando a todos. A chave é não adotar uma postura defensiva e construir um muro em torno de seu negócio, mas estender a mão e fazer conexões positivas que criem uma experiência melhor para todos os envolvidos. Trabalhamos com redes sociais como o Facebook. Entregamos a nossa API, ou *Interface* de Programação de Aplicativos, a eles. Fazemos isso porque entendemos que tanto uma empresa como o Facebook como uma empresa como a Rakuten poderiam se beneficiar se trabalhassem juntas. As redes sociais não estão no negócio de varejo. Estão no negócio de comunicação. Não querem se envolver com o trabalho diário de gerenciar negócios ou fazer entregas. É o que fazemos no e-commerce. Ao desempenhar bem nossos respectivos papéis, podemos tornar nossos clientes ainda mais felizes.

Daqui em diante, vamos nos concentrar nas maneiras pelas quais as mídias sociais estão evoluindo e como podemos continuar a fazer parte dessa tendência global. Sites de redes sociais como Facebook e Foursquare oferecem oportunidades poderosas de marketing boca a boca aos comerciantes Rakuten à medida que expandimos nossa posição global. As mídias sociais são amplamente utilizadas na

Tailândia e Indonésia, por exemplo, tornando a interação pelas redes sociais uma forma eficiente para os comerciantes da Rakuten se conectarem a novos consumidores em novos países.

Além disso, devemos continuar a aprimorar nossas próprias capacidades técnicas, para que possamos conduzir nossos comerciantes a fazer o melhor uso possível dessas ferramentas. Por exemplo, quando a popularidade do Facebook aumentou, desenvolvemos nossas funções específicas para a rede social. Eram funções divertidas, e permitiam aos comerciantes fazer uso muito criativo da plataforma. Mas não basta oferecer funções – também temos de oferecer a formação e o apoio que eles necessitam para tornar as ferramentas de mídia social eficazes e atraentes. Existem muitos lojistas que ainda não têm a menor ideia do que seja o Facebook, e acredito que a força da Rakuten como centro de conexões seja ajudar os comerciantes a compreender a oportunidade e a relação dessas novas ferramentas com maiores vendas.

O FUTURO DA INTERNET

Um dos aspectos mais interessantes e desafiadores da revolução da internet é que ainda estamos engatinhando em sua história. As mudanças que ela trará para os negócios, para a sociedade e para a existência humana estão apenas começando a emergir. Nos livros de história, o surgimento da internet terá um impacto tão significativo quanto a Revolução Industrial ou a invenção do automóvel. Isso ainda levará muitos anos, e estamos apenas nos primeiros estágios de seu impacto.

A imensidão deste impacto é, ao mesmo tempo, boa e ruim. Por um lado, criará ainda mais concorrência para todos nós. Quando tínhamos de competir apenas dentro dos limites de nossas nações, tínhamos um desafio definido. Hoje, competimos com todos os que participam da comunidade global pela internet. E conforme a internet e o acesso à banda larga se expandem em todo o mundo, essa expansão trará ainda mais empresas para o mercado global. Isso é bom para aqueles de nós que querem encontrar novos mercados, e também ruim, porque representará uma concorrência muito maior. Como gostamos de dizer na Rakuten, "a vantagem é a desvantagem".

Ainda assim, esses desafios trazem consigo a chance de reinventar muitos segmentos. No curto prazo, a internet reformulará a televisão, a publicidade e a comercialização. Em breve, revolucionará a educação. Finalmente, todos os setores serão influenciados pela tecnologia, e novas possibilidades de colaboração, rapidez e alegria se tornarão tão reais para eles como são para mim hoje.

O MODO RAKUTEN

- Acredite que a internet é muito mais do que uma máquina de vendas automática.
- Entenda que a internet ainda está em evolução, ainda nos dando novas plataformas de comunicação como as mídias sociais.
- Crie uma visão para a internet que permita a evolução continuada, comunicação e empoderamento contínuos.

7

REESCREVENDO AS REGRAS DO E-COMMERCE

DISCOVERY SHOPPING

Nunca é cedo demais para reescrever as regras de qualquer sistema. Embora muitas vezes examinemos tradições de longa data quando queremos agitar as coisas, não acredito que deva haver vacas sagradas. Ainda que as regras sejam relativamente novas, se a mudança puder torná-las mais eficientes ou eficazes, é hora de agir.

Foi o caminho que adotamos para trabalhar com e-commerce. Quando chegamos ao segmento, o e-commerce era muito novo; ainda hoje, tem pouco mais de 20 anos. Novas tecnologias e novas formas de fazer negócios surgem todos os dias. É um segmento em constante mudança e evolução. Ainda assim, o surgimento de alguns varejistas alfa, como a Amazon, levou muitas empresas a adotar um conjunto inicial de "regras", até nesse segmento sujeito a mudanças.

Não fizermos isso, e não fazemos hoje. Neste capítulo, examinaremos como nossa resistência às "regras" do e-commerce criou um caminho para o sucesso não só para nós, mas também para nossos fornecedores e clientes.

As regras do e-commerce podem ser novas. Mas sempre é possível melhorar.

COMO AS PESSOAS COMPRAM

No bairro onde cresci, você pode andar pela rua e encontrar vários tipos de comerciantes que vendem seus produtos para os clientes da região. Indo por um lado da rua, há um mercado de peixe administrado por seu proprietário, que todos conhecem há muitos anos. Mais adiante na mesma estrada, um supermercado. Esse estabelecimento é mais recente, de propriedade de uma empresa, em vez de um indivíduo. Também vende peixes, às vezes a preços muito mais baixos do que os da primeira loja.

No entanto, os dois comerciantes ganham a vida neste bairro. Como isso é possível, quando competem cabeça-a-cabeça vendendo o mesmo produto, e o supermercado é quase sempre mais barato? Se você acreditar no pensamento vigente sobre marketing de consumo, o barato sempre vence, e quem quiser comprar peixe em minha cidade natal sempre recorrerá ao supermercado.

Mas não é isso que acontece. Alguns pequenos comerciantes são prejudicados quando um supermercado é inaugurado, mas nem todos. Há espaço na economia para os concorrentes menores. Isso porque eles oferecem algo adicional ao cliente que o mercado de grande porte não pode copiar: um rosto humano.

Talvez a maior e mais arraigada regra que desafiamos como empresa é que o preço supera todos os atributos. É fácil perceber como essa "regra" evoluiu. Nas últimas décadas, muitos varejistas alcançaram proeminência espetacular ao oferecerem preços mais baixos. O Walmart é o principal exemplo. Mais recentemente, a Amazon é outro. À medida que o mundo dos negócios observou o sucesso dessas empresas, é natural que todos supusessem que o preço é a principal razão para as pessoas comprarem em um local ao invés de outro.

Na Rakuten, nunca aceitamos esse pressuposto. Com certeza, os clientes se preocupam em conseguir um bom preço, um preço justo. Não querem entregar o dinheiro de olhos fechados sem receber um atendimento bom ou adequado em troca. Mas, em nossa experiência, a premissa de que o dinheiro é o único impulso para o comportamento do consumidor nunca soou verdadeira. Estabelecemos e expandimos o mercado Rakuten apoiados na teoria de que existem muitos outros motivadores – entre eles, o elemento humano. Neste capítulo, discuto como esse elemento humano tem funcionado e continua a funcionar como o principal condutor do comportamento do consumidor. Nossa crença e nosso compromisso com esse tema talvez seja o que mais nos diferencia de outros concorrentes do segmento de e-commerce. Muitos dos maiores concorrentes marcaram uma posição clara no mercado, oferecendo preço e eficiência como a única verdadeira vantagem competitiva. Acreditamos que a verdade seja muito mais sutil e requer provedores de serviços de e-commerce que estejam dispostos a ver e apoiar essa complexidade.

DISCOVERY SHOPPING (SHOPPING VIRTUAL DE DESCOBERTAS)

Quando comecei neste negócio, eu tinha uma visão para uma experiência de e-commerce que ia além do que era apenas barato e eficiente. Eu estava procurando algo além da experiência da máquina de vendas automáticas – insira o cartão de crédito e receba os produtos – que, apesar de funcional, não parecia muito divertida. Tinha de haver espaço para a diversão, pensei. E não precisava ser uma diversão frívola. Podia e devia ser uma diversão proposital – a diversão como um condutor de comércio.

No início de nossa atividade, chamamos isso de "entertainment shopping", ou "shopping de entretenimento", um processo que não só entregava os bens que de o cliente precisava, mas que também fornecia uma experiência agradável. Projetamos nosso site de uma forma que era divertida e estimulante, e encorajamos nossos comerciantes a seguirem o exemplo. Não apresse seu cliente até a saída, dissemos. Dê as boas-vindas ao comprador e compartilhe o que é agradável, original e divertido sobre o seu negócio.

Em muitos aspectos, esse é um enfoque completamente diferente. Projetamos a Rakuten para ser centrada nas lojas – uma plataforma que incentivasse e capacitasse os consumidores a descobrir lojas diferentes que pudessem atender às suas necessidades. Por outro lado, muitos de nossos concorrentes são mais centrados no produto – projetados para ajudar o consumidor a encontrar um produto específico. Qual a diferença entre essas duas abordagens? A abordagem Rakuten lança um olhar mais prolongado sobre o relacionamento loja–comprador. Nosso objetivo é criar um sistema pelo qual os compradores obtenham o que precisam a qualquer momento, e ainda tenham a oportunidade de descobrir mais coisas que possam desfrutar. A abordagem mais comum do e-commerce, por outro lado, se concentra em fornecer o produto específico que o consumidor deseja naquele momento. É mais uma experiência de busca do que uma experiência de compras. É eficiente, sem dúvida, mas dificilmente um caminho para a descoberta – somente para a aquisição. Em nossa mente, isso limita as possibilidades tanto para o cliente quanto para o comerciante. Constatamos que a descoberta cria o potencial para vendas adicionais e mais idas às compras.

Para garantir que essa experiência de usuário estivesse presente em toda a nossa vasta rede de comerciantes, foi preciso conceder liberdade e permitir que nossos clientes personalizassem suas lojas. Demos a eles as ferramentas e a flexibilidade para projetar seus sites de uma forma que os tornasse especiais. Essa flexibilidade é muito diferente do design do site de nossos principais concorrentes. Os fornecedores na plataforma mais rígida se adaptam ao modelo. É eficiente, não resta dúvida. Economiza tempo e dinheiro. Mas é divertido? É uma oportunidade de entretenimento? Inspira o cliente a gastar tempo navegando? Não.

Um cliente da Rakuten, por outro lado, vem ao nosso site sabendo que ele ou ela nunca terá a mesma experiência duas vezes. Muito pelo contrário. Não há lojas "com cara igual" em nosso ecossistema. Celebramos suas diferenças e incentivamos nossos clientes a esperar uma seleção diversificada como seu direito. Ao longo dos anos, codificamos nossa descrição dessa experiência. Ela não poderia ser *apenas* fonte de entretenimento – qualquer coisa com gráficos chamativos ou outra nova tecnologia poderia promover entretenimento. Os clientes não vinham até nós em busca de entretenimento. Vinham para descobrir. Tínhamos criado uma plataforma construída para oferecer mais do que rapidez e eficiência. Tínhamos criado um fórum para o shopping virtual de descobertas.

O QUE É *DISCOVERY SHOPPING*?

Vamos parar e pensar sobre isso por um momento. Quais são os elementos que compõem uma experiência de *discovery shopping* – shopping virtual de descobertas?

- As pessoas atrás da tela: talvez o elemento mais óbvio seja a capacidade de "encontrar" e se conectar com o comerciante virtual. Ao contrário de sua experiência em outras plataformas de mercado, os comerciantes da Rakuten conhecem seus clientes finais. Podem se conectar com eles e trocar informações livremente, e os comerciantes têm controle e acesso ao relacionamento. Isto lhes permite ser plenamente humanos com seus clientes, mesmo que só interajam online.
- Comunidade: uma experiência virtual de descoberta durante as compras é uma experiência que extrai informações de uma variedade de fontes, e não apenas do fornecedor. Em muitos casos, os compradores querem perguntar a outros compradores o que pensam do produto ou serviço. Talvez queiram ler os comentários, fazer perguntas, ou se engajar com outros usuários antes de fazer uma compra. Isso faz parte do processo de descoberta e a Rakuten incentiva e empodera seus comerciantes a oferecer tais fóruns. As lojas da Rakuten com frequência apresentam comunidades vibrantes em que os compradores de todo o mundo podem falar com o comerciante – e entre si – sobre os produtos à venda. Ao abrir essa conversa de diversas vozes, criamos mais caminhos de descoberta para o comprador.

Essa camada social da experiência de compras está se expandindo rapidamente, graças às novas tecnologias. Embora a ideia de um fórum na web fosse algo inovador alguns anos atrás, hoje os compradores esperam ser capazes de se conectar por meio de redes sociais, usando dispositivos móveis, se preferirem, e se envolver em conversas escritas e visuais. Parte de nossa missão é lembrar que o cliente *quer* ser social e está constantemente em busca de novas tecnologias para possibilitar isso. Quando adquirimos a empresa de e-books Kobo, um dos elementos que nos atraiu foi seu compromisso com os aspectos sociais da leitura. Enquanto nossos concorrentes oferecem tecnologia que permite que um único leitor desfrute de um livro, a tecnologia do Kobo permite que o leitor se conecte com outras pessoas que também estejam lendo aquele livro. A experiência do eReader é reforçada pela oportunidade de descobrir novos amigos, novas conversas e novas camadas para o próprio livro.

Esse compromisso com o aspecto de descoberta do e-commerce também veio à tona quando investimos no Pinterest. Este serviço de compartilhamento de conteúdo, que permite que os membros "prendam" imagens, vídeos e outros objetos em seu quadro de avisos, é mais um exemplo de como os consumidores estão exigindo uma experiência mais rica, mais engajada de e-commerce – uma experiência que mostra emoção e entretenimento, em vez de agir apenas como uma máquina de vendas automáticas comprometida com preço baixo e eficiência. A atratividade do Pinterest está enraizada na resposta emocional. "Organize e compartilhe as coisas que você ama", é seu convite aos usuários. A oportunidade de compartilhar com os outros e descobrir que sugestões têm a oferecer é o que alimenta essa e outras experiências de compras meticulosamente elaboradas. Não se trata apenas de rapidez ou de preço, mas da oportunidade de descobrir coisas novas para amar.

Como provedor da plataforma, você deve estar disposto a confiar em seus clientes e proporcionar-lhes transparência e empoderamento. Muitos dos primeiros fornecedores de e-commerce falharam porque tentaram conter seus comerciantes dentro de um shopping virtual. Esse sistema levou ao fracasso de muitos projetos iniciais. Seguir o oposto dessa estratégia alimentou o início de nossas atividades e continua a mobilizar nossa expansão. O mundo está cheio de comerciantes criativos e ambiciosos, prontos para levar seus produtos ao palco global. Para liderar este grupo diverso e numeroso, a Rakuten comprometeu-se com um processo definido por empoderamento e transparência. Acreditamos em sua capacidade de vencer.

POR QUE O SHOPPING VIRTUAL DE DESCOBERTAS FUNCIONA

Para o olho não treinado, o shopping virtual de descobertas pode parecer uma estratégia fadada ao fracasso. Como algo *menos* eficiente que seu rival pode ter sucesso? Por dois motivos. Em primeiro lugar, os seres humanos gostam de variedade. As pessoas não estão amarradas a uma maneira específica de se comportar. É perfeitamente razoável que um indivíduo deseje ter uma experiência um dia e uma experiência diferente no outro. Para falar a verdade, um mundo sem variedade logo fica chato. Por isso, o shopping virtual de descobertas fala naturalmente com esse desejo humano de novidade. Pense desta forma: costumo caminhar por um parque perto de minha casa. Já encontrei o caminho mais rápido para cruzar o parque. Isso é bom quando estou com pressa. Mas não estou com pressa todos os dias. Às vezes, saio desse caminho eficiente para ver o que mais existe no parque. Talvez eu descubra que meu primeiro caminho ainda é o meu favorito. Mas posso encontrar algo novo e maravilhoso se mudar minha rota, abrindo-me ao processo de descoberta.

O mesmo se aplica às experiências de compras. Quando estou com pressa, posso ficar perfeitamente satisfeito com a experiência da máquina de vendas automáticas. Mas, mais frequentemente, tenho vontade de olhar as coisas com calma. Eu ficaria muito insatisfeito se meu parque tivesse apenas um caminho e não me permitisse explorar os arredores.

Em segundo lugar, pessoas gostam de outras pessoas. Lembre-se da história dos dois comerciantes que vendiam peixe em minha cidade natal. Supondo que a qualidade do peixe seja semelhante, por que alguém iria escolher a loja menor e não o supermercado? Uma das razões é a força dos relacionamentos humanos. Podemos decidir que queremos comprar do pequeno comerciante porque gostamos dele. Talvez ele seja gentil quando entramos em sua loja. Talvez nos ofereça a atenção individualizada que não podemos encontrar no supermercado. Talvez seja um conhecido do bairro. Mas essas razões humanas são poderosas. As pessoas não compram mercadorias das prateleiras das lojas ou de telas de computador. Compram de outras pessoas. O shopping virtual de descobertas nos assegura que as compras online não precisam acabar com o relacionamento ser humano–varejista. Ainda é possível e desejável criar esse relacionamento em um ambiente virtual.

Na verdade, essa foi a preocupação imediata quando as compras pela internet começaram a receber destaque – que iríamos perder essa experiência humana, substituindo-a por uma máquina e um cartão de crédito. Mas a Rakuten reescreveu essa "regra" logo que nasceu. Como disse, nunca é cedo demais!

A DIVERSÃO TRAZ LUCRO

Nossos anos de atividade têm provado que nossa dedicação ao elemento humano do e-commerce não é incongruente. Na verdade, é o que impulsiona muitos de nossos comerciantes a alcançar seus maiores êxitos. Quando analisamos alguns dos principais comerciantes da Rakuten, muitas vezes encontramos esse elemento de diversão na raiz do seu notável desempenho. Os comerciantes que foram capazes de enxergar o potencial de diversão foram os que primeiro perceberam que as regras iniciais do e-commerce já estavam maduras para serem reescritas.

A cervejaria Yonayona é uma das empresas mais antigas do sistema Rakuten. Ela surgiu no ano em que o mercado foi lançado – 1997. Foi um negócio que nasceu offline, abrindo sua primeira loja na década de 1990, quando o Japão estava no meio de um crescimento acelerado de microcervejarias. A Yonayona, uma marca de cerveja artesanal sediada em Nagano, rapidamente registrou ótimos números de vendas em todo o Japão.

Mas, como muitas fases de crescimento acelerado, não durou muito. Em meados da década de 2000, quando esse crescimento arrefeceu, o número de microcervejarias em todo o Japão caiu drasticamente, e o mesmo aconteceu com as vendas da Yonayona.

O que salvou a empresa? O e-commerce. O CEO Naoyuki Ide logo percebeu que o e-commerce era mais do que uma máquina de vendas automáticas. Era uma plataforma para a diversão. Com isso, ele se juntou à Rakuten e dedicou-se a atender os seguidores entusiasmados da empresa na internet.

"O que percebi é que também somos uma empresa de serviços", diz ele. "Nós fabricamos cerveja – mas ela é servida acompanhada de diversão."

O site da Yonayona inclui blogs, fotografias, ofertas especiais e outros conteúdos interativos. "Na verdade, temos mais pessoas trabalhando no site do que temos vendedores", diz Ide.

Agora, 70% das vendas da Yonayona são feitas online. Além disso, as vendas online dinamizaram as vendas no varejo. Ide diz que é porque os clientes ficam amolando o supermercado de sua região para que venda a cerveja Yonayona após vê-la online.

A chave para o sucesso da Yonayona é a disposição de Ide para colocar um rosto humano em suas vendas online. Não é incomum que ele vista uma fantasia para ir aos eventos da Rakuten. Uma vez vestiu-se como um robô dourado da Yonayona e cumprimentou o público em uma cerimônia de premiação. Uma campanha especial contou com uma competição cujo prêmio era uma caixa de cerveja entregue especialmente por Ide para o sortudo ganhador. Tudo isso foi documentado online com muita animação: o trajeto até o vencedor, a entrega do prêmio e uma rodada de cerveja improvisada.

"Quando fabricamos cerveja na Yonayona levamos tudo muito a sério", diz Ide, "mas quando vendemos a cerveja, nos divertimos".

A DIVERSÃO É FLEXÍVEL

"Barato" significa apenas uma coisa. Significa preço baixo. E "eficiente" significa apenas uma coisa. Significa rápido. Já "diversão" significa muitas coisas para pessoas diferentes, e quando nos concentramos no objetivo de proporcionar entretenimento e diversão, abrimos muitas possibilidades de sucesso para nós e nossos parceiros.

Ao incentivar nossos comerciantes a se concentrar na melhor maneira de entreter os clientes durante as compras, nós os encorajamos a fazer experiências continuamente, trazendo mudanças novas e estimulantes a seus sites. Um de nossos comerciantes, uma loja de roupas chamada Yumetenbo, dá crédito à Rakuten por ter lhe ensinado o "bê-a-bá dos negócios online". Tudo o que fizemos, na verdade, foi ensinar seus administradores a assimilar os elementos dinâmicos das compras online que os clientes achavam divertidos.

A Yumetenbo começou seu relacionamento com a Rakuten no final da década de 1990. Seus gerentes eram novatos no e-commerce. O CEO Takahiro Oka frequentou a Universidade Rakuten a fim de aprender as habilidades necessárias para competir – nem tanto em habilidades técnicas, mas mais para adquirir uma mentalidade receptiva aos melhores processos para e-commerce. Aprendeu que o sucesso não tratava de quem poderia fazer o site mais rápido ou o mais barato. "Uma das coisas mais importantes que aprendi foi que era preciso nos tornar diferentes", diz ele.

Para tanto, Yumetenbo investiu tempo e dinheiro na apresentação visual do seu site, apresentando ensaios de moda e vídeos novos todos os dias. Também fez questão de acompanhar o ritmo de seus clientes enquanto iam descobrindo a nova tecnologia. Embora as primeiras vendas tenham sido feitas em computadores desktop, agora, quase uma década depois, mais de metade de suas vendas são feitas por celulares e à medida que os clientes comecem a adotar a próxima geração de novas mídias, a Yumtenbo estará lá com eles.

Isso não significa que a Yumetenbo rejeite as outras regras do e-commerce. Rapidez, uma característica essencial dos grandes players de e-commerce, também é uma grande parte da missão da Yumetenbo. Uma vez que o Japão tem uma das cenas de moda jovem mais coloridas e aceleradas do mundo, manter-se a par das novidades é uma corrida constante contra o relógio. Agora em menos de três meses é preciso desenhar e produzir uma peça nova – e a Yumetenbo apresenta 300 peças por mês. Um estúdio fotográfico totalmente equipado na sede da empresa significa que Oka pode encomendar rapidamente novas fotografias dos produtos com base no feedback dos clientes. Nada pode parar no tempo e tornar-se obsoleto.

Mas Oka não permite que a pressão para que seja rápido o impeça de lembrar o principal objetivo de seu cliente: descobrir roupas novas e glamourosas. Sua loja tornou-se um dos estudos de caso favoritos da Rakuten, e sempre enfatizamos o segredo de seu sucesso. Ele não é uma máquina de vendas automáticas. Ele oferece uma fonte contínua não apenas de roupas, mas também de entretenimento.

O PODER DO ENGAJAMENTO

Em última análise, a razão pela qual esse tipo de e-commerce funciona é o engajamento. Para fazer o cliente continuar a voltar, as compras online devem sempre fazer do engajamento uma prioridade. Em suas curtas trajetórias, as empresas de e-commerce aprenderam que o engajamento é um processo mais complexo do que apenas conquistar a atenção do cliente. Exige chamar sua atenção para construir um relacionamento mais sutil – e, à medida que a tecnologia evolui, garantir que esse seja sustentado em todas as plataformas, estejam elas estabelecidas ou em evolução.

Os concorrentes mais bem sucedidos no e-commerce sabem que o engajamento é um processo interminável de conexão. Você não pode lutar para obter um único momento de engajamento. A conexão com seu cliente deve ser criada e cuidada a cada interação. É assim que funciona uma loja física tradicional. Cada vez que entra um cliente, o comerciante se esforça para satisfazer o cliente. Cumprimenta o cliente, atende às necessidades do cliente, depois pensa o que fará para chegar a esse cliente novamente e trazê-lo de volta para a loja no futuro. Nunca lhe ocorreria tomar apenas uma iniciativa de engajamento, e supor que exista um relacionamento dali para frente.

Os mesmos esforços precisam ser feitos online. Os comerciantes devem considerar que cada cliente é mais do que um alvo acionado uma única vez. Esta é a nossa filosofia na Rakuten, e fornecemos suporte e treinamento contínuo a nossos comerciantes, para ajudá-los a seguir este plano. Quando nossos comerciantes usam blogs, fotografias e vídeo para conectar-se com os clientes, estão fazendo mais do que lançando mensagens publicitárias. Estão criando um processo contínuo de engajamento, que cria um relacionamento duradouro e significativo com o consumidor. Isso não elimina a chance de o cliente se envolver com os varejistas nas lojas físicas, mas cria outra forma pela qual os clientes podem experimentar esse fator humano e divertido neste ambiente virtual.

É por isso que estou tão convencido de que o modelo de máquina de vendas automáticas tem alcance limitado. Não há relacionamento com uma máquina de vendas automáticas. Não há um ser humano com quem se conectar. Na verdade, as empresas que seguem o processo da máquina de vendas automáticas têm o cuidado de construir uma plataforma que proíbe terminantemente o contato entre o vendedor original e usuário final. Cada uma dessas duas partes só conhece a plataforma da máquina de vendas automáticas; nenhuma delas tem contato direto com a outra. Naturalmente, não há qualquer relacionamento. A possibilidade de engajamento é deliberadamente bloqueada.

Isso não significa que os clientes rejeitem a plataforma de máquina de vendas automáticas. Muitos vão experimentá-la por uma variedade de razões: conveniência, rapidez, ou falta de conhecimento de outras opções. Porém, a influência que um fornecedor de máquina de vendas automáticas tem sobre o cliente é limitada. Qualquer relacionamento baseado na conveniência deixa esse cliente à mercê de ser cortejado por outro comerciante. Se outro comerciante aparecer e mostrar ao cliente uma maneira de fazer compras online divertindo-se mais, por que o cliente continuaria com a máquina de vendas automáticas? As pessoas gostam de comprar de pessoas. Sempre gostaram. É por isso que os mercados ao longo da história sempre foram lugares vibrantes e atraentes. Não são apenas lugares onde adquirimos o que precisamos. São locais onde os seres humanos se reúnem para interagir, fazer negócios, e se engajar. As mesmas necessidades humanas nos impelem quando nos engajamos no e-commerce. Mesmo diante de uma tela, buscamos a humanidade.

O FUTURO DA DESCOBERTA

Mesmo com visões opostas de e-commerce aplicadas hoje, devemos sempre olhar para o futuro. Naturalmente, o modelo mais desejável é o rentável agora e no futuro. É neste ponto que, acredito, o modelo de descoberta se mostra mais convincente. Competir só em eficiência e preço é um jogo de soma zero. Sempre há um limite máximo em que não se pode mais reduzir o preço ou obter mais eficiência do processo. Você fez o melhor que pôde. Embora isso possa agradar o cliente no momento, a solução acabará se esgotando. Até mesmo os clientes felizes terminarão querendo mais. É nossa natureza como seres humanos nunca estarmos permanentemente satisfeitos. Estamos sempre otimistas esperando que algo melhor surja ao virarmos a esquina.

Essa é a mentalidade que mais favorece o modelo de descoberta. Os clientes sabem que o preço de um item não pode cair para sempre, e a entrega de bens físicos não pode ser instantânea. Portanto, há um limite para a satisfação que você pode proporcionar ao cliente sob o modelo de preço/eficiência. Nosso modelo de descoberta, por outro lado, possibilita um futuro. Promete que sempre haverá algo novo chegando. Permite-nos assimilar cada nova plataforma tecnológica surgida, como as mídias móveis e sociais. Permite-nos mudar constantemente e adicionar novos elementos às nossas ofertas sem confundir nossa mensagem de marca ou mudar nossa missão.

A história do varejo sempre foi caracterizada pela descoberta. Foi o motivo pelo qual os exploradores saíram pelos mares para encontrar novos mercados e produtos. É a razão pela qual o método de levar bens e serviços aos consumidores está sempre mudando. Nada permanece o mesmo no varejo porque os compradores não querem o mesmo. Eles querem descobrir. Sempre quererão.

À medida que a Rakuten se expande pelo mundo, o debate sobre as visões concorrentes de e-commerce adquirirá um novo senso de urgência. As empresas e os clientes terão de decidir em qual direção querem ir. Uma variedade de líderes oferecerá suas diferentes plataformas e visões. No final, acreditamos que a história humana prevalecerá. Nosso desejo de descobrir é forte. Quando uma empresa ou tecnologia nos oferece uma nova maneira de descobrir, nós a acolhemos. À medida que o consumidor busca maneiras de viajar na web, explorar a nuvem, e conectar-se aos bens e serviços de todo o mundo, aqueles de nós que apoiam e aprimoram essa aventura viajarão com eles.

Duvido muito que alguém se apegue a uma máquina de vendas automáticas. Ainda há muito a descobrir.

O MODO RAKUTEN

- Visualize seus objetivos de e-commerce não como uma expressão técnica, mas como uma nova expressão humana. Embora as novas tecnologias estejam sempre surgindo, analise cada uma delas não apenas por suas habilidades técnicas, mas por seu potencial para melhorar a experiência humana de fazer compras.

- Não confunda fazer pesquisa com fazer compras.

- Lembre-se da história dos dois comerciantes de peixe. O preço nem sempre é o fator motivador.

- Como seres humanos, somos impulsionados a descobrir. Crie um negócio que alimente esse impulso natural do ser humano.

8
REESCREVENDO AS REGRAS DE FUNCIONAMENTO

RAPIDEZ, RAPIDEZ, RAPIDEZ!

Rapidez é o assunto favorito dos líderes empresariais. Quando você os ouve, parece que todos acreditam que a rapidez seja essencial. Porém, quando examina suas ações de perto, percebe que eles falam muito mais sobre a rapidez do que se esforçam para implementá-la. Na verdade, a maioria dos líderes empresariais se preocupa mais em cometer um erro significativo, e isso os deixa hesitantes – o contrário da rapidez. Esse é um impulso natural do ser humano, por isso acho que ainda é mais necessário explicar o que motiva meu próprio desejo por rapidez. Triplico as palavras para reforçar a minha intenção: Rapidez! Rapidez! Rapidez! De muitas maneiras, a rapidez é a arma secreta do sucesso. Quando examina uma empresa ou indivíduo que tenha feito algo de extraordinário, a rapidez muitas vezes está na raiz desse sucesso. Aqui está um exemplo de minha própria carreira que destaca o poder da rapidez.

Quando eu estava fundando minha empresa, recebi muitos conselhos não solicitados. A maioria das pessoas disse: *Não vá para o varejo online. O modelo de negócios tem falhas. Veja todos os varejistas online que fracassaram neste mercado*, disseram. *O varejo online não vai dar certo.*

Na verdade, o varejo online não estava sendo prejudicado por um modelo de negócios falho. Estava sofrendo de falta de rapidez. Havia muitos pontos do processo de varejo online que eram lentos demais para ter sucesso. As atualizações dos sites, por exemplo, andavam a passo de tartaruga. Naquela época, as pessoas acreditavam que as alterações no site precisavam ser feitas por web designers profissionais – um processo que levava tempo e dinheiro. Devido a isso, os varejistas eram lentos na hora de atualizar seus sites. Não era raro ver sites anunciando artigos de Natal depois do Ano Novo.

Isso fazia os sites ficarem com uma aparência antiquada e desinteressante. Compare isso com uma vitrine do mundo real. Se você passasse por uma vitrine em janeiro e ela ainda estivesse exibindo mercadorias de Natal, o que acharia do varejista? Certamente não pensaria: "Este varejista é inovador e antenado no que está na moda, tenho de entrar para ver as novidades que ele tem para oferecer!" Você provavelmente pensaria: "Decoração de Natal? Ainda? Por que está demorando tanto para atualizar esta vitrine?"

Os compradores online tinham essa mesma reação. A seus olhos, os varejistas online pareciam ter parado no tempo.

Uma das primeiras coisas que fiz quando passei a trabalhar com varejo online foi combater essa lentidão que estava atrasando todo o segmento. Libertei os comerciantes da ideia de que tinham de contratar caríssimos web designers para atualizar seus sites. Empoderei-os para que fizessem as atualizações eles mesmos. Dei-lhes as ferramentas que poderiam usar. Dei-lhes treinamento sobre como usá-las. Encorajei-os a serem tão ágeis e criativos no mundo online como eram com suas vitrines físicas. Os comerciantes da Rakuten encontraram o êxito online não porque adotaram um novo modelo de negócios, mas porque eram mais rápidos. A rapidez fez a diferença.

Essa experiência inicial com o poder da rapidez confirmou que ela seria um princípio fundamental do meu trabalho e da minha empresa. Fiz da rapidez um dos meus cinco princípios fundamentais. Neste capítulo, explorarei o conceito da rapidez em mais detalhes. Falarei sobre o que realmente quero dizer quando digo "rapidez", e revelarei as formas de incentivar a rapidez em indivíduos, empresas, e até mesmo a sociedade em geral. Muitas coisas que consideramos falhas no mundo podem ser corrigidas com a rapidez.

O QUE É RAPIDEZ?

Vamos falar primeiro sobre o que quero dizer quando uso a palavra "rapidez". Na verdade, existem dois tipos de rapidez que, acredito, são críticos para o sucesso: velocidade e agilidade.

Velocidade é a proporção em que algo acontece. Para ganhar rapidez, você deve aumentar a velocidade. Em outras palavras, o processo, qualquer que seja, precisa se desenrolar em um ritmo mais rápido. No mundo do trabalho, a velocidade costuma ser alcançada por meio de melhorias de eficiência – reduzir a duração das reuniões, diminuir o número de cópias, reduzir o número de pessoas em um projeto. Todas essas medidas tornam o processo original mais enxuto, mais leve e, portanto, mais rápido. Não é um conceito difícil de visualizar. Se estiver andando pela rua carregando um monte de pacotes, você se moverá em um ritmo. Se conseguir se livrar de seu fardo, se moverá mais rápido. Todo atleta sabe escolher as roupas e equipamentos mais leves possíveis para alcançar a velocidade máxima.

No local de trabalho, isso não é tão simples quanto colocar um pacote no chão ou colocar roupas mais leves. A "eliminação" do peso extra deve ocorrer por meio do corte do desperdício de tempo durante a jornada de trabalho. Falaremos mais especificamente sobre como fazer isso ainda neste capítulo.

A segunda definição da rapidez é a agilidade. Esta é a rapidez com que você age depois de ter decidido fazer algo. A agilidade é especialmente útil quando mudamos de direção, tanto física quanto mentalmente. Quando um jogador precisa mudar de direção no campo de futebol, a agilidade o ajudará a fazer isso sem tropeçar. O mesmo acontece no mundo dos negócios. A decisão de mudar de direção deve ser executada com agilidade – um movimento rápido e decidido. Muitas vezes, no universo dos negócios, nos esquecemos de aprimorar a agilidade. Permitimos que nossa ansiedade sobre mudar de direção retarde a mudança. No campo de futebol, essa lentidão dá ao adversário a chance de frustrar os esforços do atleta. No mundo do trabalho, a falta de agilidade pode ser igualmente perigosa.

Em meu trabalho diário, eu me esforço para ser um modelo para esses tipos de rapidez. Sempre incentivo a equipe a eliminar desperdícios, principalmente práticas que desperdicem tempo. É um processo com o qual me envolvo o tempo todo, e é uma parte do trabalho diário na Rakuten. Estou sempre perguntando: Existem maneiras de eliminar o desperdício de tempo nessa atividade? Podemos melhorar o processo de modo que fique mais rápido? A velocidade é uma prioridade constante.

Ao mesmo tempo, também estou sempre servindo como modelo de agilidade. Sempre que começo algo novo, mergulho de cabeça.

Acredito que não faz sentido se preocupar com a decisão; tudo que se pode fazer é agir. Corro em direção a meus objetivos. Acredito que minha equipe trabalha mais rápido quando está tentando me acompanhar. É mais uma maneira de levar todos a meu redor até sua rapidez máxima.

De muitas maneiras, minha paixão pela rapidez foi despertada quando estudei na Harvard Business School. Não há um curso sobre rapidez em Harvard, mas é um tema constante em muitos dos tópicos ensinados lá. Várias disciplinas – marketing, vendas, tecnologia e serviços – incluíam a rapidez em seu currículo. E isso tornou-se um fio de conexão para mim enquanto progredia pelo curso. As maiores empresas compartilhavam uma paixão pela rapidez em todos os níveis de execução. Fosse na montagem de um automóvel, no projeto de um jogo de computador ou na execução de uma transação online, a rapidez importava. Era muitas vezes a característica que definia o líder do mercado, enquanto o restante corria atrás para acompanhá-lo.

COMO ALCANÇAR A RAPIDEZ PESSOAL

Como você alcança a rapidez? Assim que aceite a ideia de que a rapidez é essencial, há muitas maneiras de ser mais rápido. É comum que as pessoas sintam como se a rapidez com a qual trabalham estivesse além de seu controle, especialmente se trabalharem para uma grande organização. Elas podem pensar que seu trabalho precisa se movimentar na rapidez do restante da empresa.

Defendo que esse é um equívoco lamentável que desmoraliza muitas empresas e pessoas físicas. Se acredita que a rapidez não faz parte de seu trabalho, ela não acontecerá. Agora imagine que todos na organização suponham que a rapidez não seja tarefa sua. O que acontece então? Uma organização grande passa a mover-se em ritmo mais lento, comum a todos. Você, como indivíduo, é arrastado por essa falta de velocidade e agilidade. A lentidão é uma situação perde-perde para você e para sua empresa. Não deve tolerá-la.

Comprometa-se pessoalmente a trabalhar com maior rapidez.

ESTABELEÇA METAS

Se viajar sem um destino definido, ficará perambulando sem rumo certo. Se, por outro lado, definir uma meta, se moverá muito mais diretamente em direção ao seu destino. É natural que o caminho direto seja o mais rápido. Isso também se aplica aos negócios. Se suas metas forem vagas — ou pior, se não tiver objetivos reais e for trabalhar todos os dias sem ter um plano de longo prazo —, você se moverá lentamente. Se definir metas para si mesmo, sua rapidez aumentará naturalmente.

Sua meta não precisa ser a quota definida por seu supervisor. Ela pode ser um alvo escolhido por você mesmo. Na verdade, a melhor meta a definir para si mesmo é uma tão ambiciosa que seu alcance mudará sua vida. Essas são as metas que nos inspiram a fazer nosso melhor e mais rápido trabalho. Se for um alpinista e decidir escalar um pico relativamente baixo e seguro, você chegará à montanha com uma sensação constante de propósito. Todavia, imagine que esteja em pé na base do Matterhorn. A montanha paira acima de você, e sua enorme escala domina o horizonte. É um desafio extraordinário, uma meta audaciosa. Realizá-lo vai atiçar dentro de você uma descarga de adrenalina, uma mistura de ansiedade e de excitação. É uma emoção única e poderosa que criou para si mesmo, apenas por ter escolhido essa meta extraordinária. Agora, com a adrenalina correndo por suas veias, será que vai passear calmamente para subir a montanha? Não. Você estará borbulhando de entusiasmo sobre sua meta, e isso naturalmente fará você acelerar seu ritmo. Terá alcançado a rapidez apenas por ter definindo uma meta ambiciosa.

Darei aqui um exemplo de como a definição de metas funcionou para mim. Na primavera de 2000, comprometi-me a ter um negócio com um volume bruto de transações equivalente a 1 trilhão de ienes (US$12 bilhões). Quando defini essa meta, muita gente me olhou de um jeito estranho. Alguns disseram que eu estava louco. Outras apenas ignoraram a declaração e não a levaram a sério. Afinal, em 2000, a Rakuten era uma empresa de apenas 3 bilhões de ienes (US$35 milhões); 1 trilhão de ienes era uma meta enorme, do tamanho do Matterhorn.

Enquanto outros davam sorrisos forçados, eu sentia a onda de excitação que acompanha a definição de uma grande meta. Joguei-me de cabeça no grande desafio. Eu não só alcancei minha meta, mas consegui alcançá-la mais rápido do que eu imaginava. Na verdade, quando defini essa meta para mim, anunciei que me aposentaria quando a Rakuten alcançasse a marca de um 1 trilhão de ienes. A meta ajudou a injetar uma rapidez em meu negócio que nem eu mesmo esperava. Em 2006 o volume total de transações do Grupo Rakuten atingiu 1 trilhão de ienes. Eu não estava nem perto da idade de querer me afastar do mundo dos negócios e me aposentar. Tive de voltar atrás em minha promessa de me aposentar! Mas foi um bom lembrete de que uma grande meta pode gerar rapidez sem precedentes.

NÃO PENSE, E DEPOIS AJA; PENSE PARA AGIR

Existe uma lamentável convenção linear que tem sido aplicada ao pensamento e à ação no mundo dos negócios. Muitos acreditam que se deve pensar primeiro – concentrar todas as energias no processo de imaginar – e então, quando estiver pronto, agir. Este é um processo lento por natureza. Pensar, sem uma motivação para agir, pode colocá-lo em uma estagnação permanente. Você pode pensar eternamente e nunca agir. Claro, todos nós conhecemos pessoas que estão sempre refletindo sobre seus próximos passos e nunca dão um passo à frente.

Devido a isso, uma maneira infalível para incorporar mais rapidez em sua vida é rejeitar a ideia de que o pensamento deve vir em primeiro lugar seguido, depois, pela ação. Rejeite o processo linear. Em vez disso, assimile a ideia de que pode pensar *e também* agir; em seguida, pense e aja um pouco mais. Decida-se a adotar o processo simultâneo.

Por que isso é mais rápido? A razão é que, ao agir, você vai realmente melhorar seu pensamento. Pensar quando não tem nenhuma meta impossibilita o pensamento em seu mais alto nível. Não tem a sensação de urgência, portanto, não pressiona seu cérebro aos seus limites. Por outro lado, se já estiver em ação, o impulso para pensar com atenção é muito maior. Você já está em movimento, por isso deve pensar e agir rapidamente. É um desafio intelectual muito maior e estimula o processo em si. A ação alimenta o pensamento.

Essa ideia torna-se evidente quando pensamos no processo de aprender um esporte. Imagine que queira melhorar sua habilidade no tênis. Pode ler muitos livros sobre tênis. Pode pensar bastante sobre como poderia melhorar sua técnica e execução. Tudo isso pode ser feito enquanto estiver sentado na arquibancada. Agora, se eu for até você, colocar uma raquete em sua mão, e colocá-lo para jogar, com que rapidez você vai melhorar? A experiência do mundo real – o ato de jogar – vai estimulá-lo a pensar em novas formas de executar as melhorias que já imaginou. A ação é o que acelera a melhoria.

Não sou contra o pensamento profundo. É um processo necessário e vital. Não preciso nem dizer que os melhores pensadores irão mais longe neste mundo. Isto posto, se procurar injetar mais rapidez à sua execução, não postergue a ação enquanto pensa. A ação não impede seu processo de pensamento; ela o acelera e melhora.

Esse passo exige bastante coragem. Você está colocando seu processo em movimento e, em seguida, comprometendo-se a continuar a pensar e refiná-lo ao longo do caminho. Não é o caminho seguro. Pode conter surpresas. Mas também trará à tona seu melhor e mais rápido pensamento.

CONSIDERE OS PONTOS DE VISTA DOS OUTROS

Pode parecer absurdo, mas uma forma de aumentar a rapidez é ver seu trabalho e as metas de sua empresa não apenas sob seu próprio ponto de vista, mas do ponto de vista das outras pessoas a seu redor. Pode achar que prestar atenção em tudo isso o distrai de suas tarefas e prolonga seu dia de trabalho, mas eu discordo. Quando usa apenas um foco estreito no trabalho e enxerga somente as próprias tarefas e responsabilidades, pode deixar de perceber maneiras de melhorar e trabalhar mais rápido.

O que estou descrevendo não é a visão panorâmica – a visão de quem está lá de cima olhando para baixo. Em vez disso, considero a questão como uma visão quadridimensional – uma visão panorâmica em que você está no nível do solo, mas é capaz de ver tudo a seu redor com igual clareza.

Vejamos um exemplo. Quando eu era um jovem funcionário no IBJ, trabalhava em uma divisão que lidava frequentemente com questões de moeda. Era um trabalho que exigia o manuseio de muita papelada. Em uma empresa desse porte, você pode ser tentado a dizer que não havia nada que um funcionário jovem pudesse fazer para aumentar a rapidez. Afinal, aquela era uma grande organização, com muitos níveis de regras e regulamentos. Não era uma startup, em que qualquer pessoa pode dar uma sugestão inédita e executá-la.

Mesmo assim, encontrei uma maneira de acelerar meu trabalho, e o fiz, em parte, olhando à minha volta. Embora tivesse minhas tarefas, eu não estava trabalhando isolado do resto da empresa. Havia outros funcionários a meu redor ligados à minha função. Comecei a tomar nota do que faziam. Havia muitas mulheres no escritório, por exemplo, que lidavam com funções administrativas. Observei-as e comecei a entender nosso cantinho do IBJ não apenas de meu ponto de vista, mas a partir do delas também. E como agora eu podia enxergar o "panorama maior" de nosso departamento, percebi maneiras de lidar com a papelada mais rápido. Tive ideias que facilitaram as tarefas administrativas das mulheres. Isso deixou-as felizes e promoveu um clima positivo em nosso trabalho em geral. Consegui injetar rapidez no funcionamento de meu departamento não apenas por fazer bem meu trabalho, mas por compreender as necessidades dos outros à minha volta e encontrando maneiras de ajudá-los a fazer bem o seu trabalho.

O desenvolvimento dessa perspectiva panorâmica é fundamental para alcançar o sucesso. Não se trata apenas de uma questão de rapidez, embora isso seja importante. Quando pode ver seu trabalho como parte de um todo maior, aprende a pensar de forma abrangente. Fica menos propenso a se distrair com problemas pequenos ou insignificantes; ao contrário, considera os temas e as conexões mais amplos que se desenvolvem em qualquer negócio. Quando consegue ver sua empresa de forma abrangente, pode tomar decisões mais inteligentes e exercer uma liderança mais confiante.

APAIXONE-SE POR SEU TRABALHO

E o que o amor tem a ver com seu trabalho? Tudo. O amor é um dos principais condutores da rapidez no trabalho.

Pense desta forma: Imagine que esteja correndo para pegar um trem. Quer pegar o trem, então está correndo muito. Talvez salte sobre uma ou duas pequenas barreiras e dê tudo de si para chegar lá a tempo.

Agora imagine que o amor da sua vida está no trem. Quanto mais rápido você correria para pegar o trem? Você pularia barreiras que pareciam intransponíveis. Você se forçaria a correr mais rápido do que nunca. Não pouparia esforços para pegar o trem e viajar com seu amor.

E se pudesse encontrar esse tipo de amor e anexá-lo a seu trabalho? Caso se apaixone por seu trabalho, é lógico que vai encará-lo com mais rapidez do que faria se estivesse em um estado emocional mais moderado. O amor faz as pessoas fazerem o extraordinário.

Não é um conceito fácil de assimilar. Muitas pessoas dirão que é impossível amar seu trabalho. Talvez você não esteja no "trabalho de seus sonhos". Talvez quisesse trabalhar para outra empresa, ou desejasse ter um cargo mais alto, ou ganhar um salário maior. Tudo bem, todos devem ter aspirações grandiosas para sua vida. Essas metas, como eu já disse, podem ser inspiradoras. Mas só porque espera progredir ou melhorar um dia não significa que não possa se apaixonar por seu trabalho hoje. Só precisa acreditar que isso é possível e, de fato, necessário. Dedique-se a isso. Encontre os elementos do seu trabalho pelos quais possa se apaixonar. Se seu trabalho envolver uma série de rotinas e documentos, procure maneiras de incorporar isso em um jogo. Desafie-se para ver o quanto mais rápido você pode terminar suas tarefas sem cometer um erro. Só porque seu empregador não achou bom enquadrar seu trabalho de maneira desafiadora e divertida, não significa que você não possa fazer isso por si mesmo.

Defina metas para si mesmo e desafie-se para chegar a soluções inovadoras. Se suas soluções derem certo, bravo. Se não derem, revisite o processo de inovação. Quando muda a maneira de pensar sobre seu trabalho – de uma tarefa para um cenário de inovação – você cria possibilidades para a felicidade e até mesmo para o amor. Quando ama seu trabalho, vai correndo para a empresa todos os dias, como o apaixonado corre para pegar o trem para encontrar a amada. Nem vai perceber quão mais rápido estará viajando. Isso virá naturalmente conforme perseguir sua meta emocional.

COMO ATINGIR A RAPIDEZ CORPORATIVA

Até agora, analisamos como você pode melhorar sua rapidez e, talvez, a rapidez dos que estão perto de você. A próxima pergunta é: Este compromisso com a melhoria da rapidez pode ser aplicado em uma escala maior – a uma empresa inteira, e não apenas a indivíduos? Minha experiência como líder de minha própria empresa me leva a responder que sim. É possível não apenas aumentar a rapidez em sua própria vida e trabalho. É possível ser um líder em rapidez.

COMBATA O DESPERDÍCIO

Isso faz parte de meu esforço contínuo para aumentar a rapidez. Estou sempre à caça de maneiras para eliminar o desperdício nos processos de negócios da Rakuten. Talvez o mais famoso de nossos esforços, que envolveu toda a empresa, tenha sido o Sistema de Reuniões da Rakuten. À medida que nossa empresa crescia, percebi quanto tempo estava sendo devorado pelas reuniões. Nessas reuniões, grande parte do tempo era usado para cada participante falar sobre o que estava fazendo, e atualizar os outros participantes da reunião. Em determinado momento, tive certeza de que 90% do tempo das reuniões era gasto com essas atualizações, deixando 10% para o trabalho de verdade ser feito.

Isso não era rápido.

Eu não podia deixar de pensar que esse problema com as reuniões não era apenas meu, mas um entrave muito maior sobre a produtividade. Fiz a conta de cabeça: se há 20 milhões de funcionários no Japão e cada um deles gasta uma hora por dia em reuniões (um número muito conservador), temos 20 milhões de horas, vezes 5 dias por semana, vezes 52 semanas. Um total de 5,2 bilhões de horas! Se esse tempo fosse reduzido à metade, liberaria 2,6 bilhões de horas. Essa economia de tempo em potencial era boa demais para ser ignorada.

Fiz uma experiência. Comecei a exigir que todos os materiais de qualquer reunião fossem distribuídos eletronicamente a todos os participantes até as 17h00 do dia anterior. Como todos os participantes tinham acesso aos materiais com antecedência, todo o tempo que geralmente era dedicado à explicação e apresentação poderia ser eliminado. Poderíamos dedicar o tempo da reunião para lidar com um ou dois itens que constavam dos materiais distribuídos e que exigiam uma explicação adicional. Depois disso, poderíamos passar para a tomada de decisões e seguir em frente. O tempo gasto com as reuniões encolheu drasticamente. As reuniões que costumavam levar uma hora agora levavam 10 minutos. Quando todos ficaram acostumados com a criação e distribuição de materiais, algumas reuniões se tornaram completamente desnecessárias, graças à comunicação online, tais como os aplicativos de mensagens instantâneas, como o AIM ou Netscape Communicator, e redes sociais internas como Yammer.

Nem todas as reuniões podem ser enxugadas, mas muitas podem. Na verdade, quando implementamos o Sistema de Reuniões da Rakuten em toda a empresa, constatamos uma economia substancial. Quando pede rapidez em uma atividade regular do escritório, como uma reunião, pode se surpreender com o que é possível. O fato é que ninguém se preocupou em pedir isso no passado.

Com isto em mente, estou sempre de olho no desperdício. Quando recebo o cronograma de um projeto, examino o processo e os passos, e tento encontrar maneiras de economizar tempo. Sugiro: Esta etapa pode ser pulada? Esses processos podem ser combinados? Quando você exclui atividades desnecessárias, aumenta a rapidez.

ESTABELEÇA PRAZOS QUE AUMENTEM A RAPIDEZ

Existe arte na definição de prazos de forma que isso incentive a maior rapidez possível dos funcionários. Quando estabeleço um prazo, procuro este ponto especial que incentivará o máximo de produtividade sem gerar tanta ansiedade que deixe todos paralisados.

Se definir um prazo muito curto ("Vamos lançar este produto na próxima semana!"), alguns de seus funcionários nem tentarão cumpri-lo. Podem achar o prazo impossível. Se definir um prazo que esteja muito longe ("Vamos lançar este produto daqui a 10 anos"), você não os inspirará. Muitos pensarão: "Ah, nem estarei aqui quando isso acontecer."

Quando estabelecer um prazo, precisa escolher uma data próxima o suficiente para que todos sintam alguma ansiedade. Um indivíduo sem qualquer sensação de perigo não se sentirá inspirado a alcançar a grandeza.

NÃO FIQUE OBCECADO COM A PERFEIÇÃO: AJA E MELHORE

Um grande obstáculo para a rapidez em nível corporativo é a ênfase na perfeição. Embora seja importante buscar a excelência em todos os níveis, às vezes essa paixão pela perfeição pode deter o processo de maneiras que prejudiquem a empresa e o consumidor. Para potencializar a rapidez, como líder, deve estar aberto ao fato de que o kaizen é um fato da vida. Você vai lançar um produto ou serviço que estará o mais próximo possível da perfeição naquele momento, mas você se comprometerá com as melhorias contínuas conforme progride. Se esperar alcançar a perfeição, talvez nunca lance o produto ou serviço, e esse processo estagnado não interessa a ninguém. Como mencionado anteriormente, uma das empresas que melhor usa esta prática de lançar-aprimorar é a Microsoft. Pode-se perceber isso na forma como a empresa nomeia seus produtos, acrescentando "7" e "8" quando melhorias são feitas e novas versões do produto são lançadas no mercado. Alguns criticam a Microsoft por isso. Fazem piada sobre a forma como a empresa vive trabalhando para corrigir bugs e melhorar os produtos que já estão no mercado. Mas esse processo é, de fato, a razão do sucesso da Microsoft. A empresa não fica esperando, analisando todos os detalhes, deixando seus clientes esperando eternamente por uma atualização. Em vez disso, a Microsoft age com ousadia e rapidez. Lança seu produto e continua engajada e comprometida com as melhorias. Quem se importa se um produto tem vários ciclos? Eles sinalizam uma empresa que valoriza o kaizen e usa a mentalidade de melhoria para alcançar rapidez.

Como líder, é importante comunicar essa tolerância para consertar um produto ou serviço "durante o voo". Alguns funcionários podem se retrair, temendo que, se lançarem algo inferior à perfeição, serão punidos. Se valoriza a rapidez, deve deixar claro para sua equipe que deseja que esse comportamento rápido aconteça, e que reconhece e espera que isso signifique o acompanhamento e correção das falhas quando elas se tornarem aparentes.

CRIE POSIÇÕES QUE SUSTENTEM A RAPIDEZ

Uma das formas pelas quais os líderes fracassam é quando exigem rapidez, mas não fornecem as ferramentas necessárias para que os funcionários a alcancem. Às vezes, as ferramentas são físicas, tais como software ou máquinas. Mas às vezes são humanas. Se administra uma empresa, divisão ou equipe procure maneiras pelas quais um ser humano, colocado em uma posição especial, possa aumentar a rapidez.

Aqui está um exemplo extraído da sede da Rakuten. Como parte de nossa promessa de "rapidez", definimos o objetivo de que cada indivíduo que preenchesse nosso formulário online pedindo informações a um representante do shopping da Rakuten receberia, dentro de dois minutos, um telefonema nosso.

Dois minutos é um intervalo pequeno. É uma grande exigência. Para atingir esse objetivo e criar um sistema que pudesse ser repetido, implantamos uma ferramenta única – a ferramenta humana.

Contratamos um indivíduo cuja única tarefa era dar esse telefonema em até dois minutos. Essa era sua única responsabilidade. Não sobrecarregamos nossa equipe com essa exigência adicional por rapidez. Contratamos um novo funcionário para que esse novo nível de rapidez fosse alcançado.

PROCURE OS GARGALOS

Assim como estou sempre de olho no desperdício, estou sempre à procura de gargalos. Os gargalos podem ser processos cuja utilidade deixou de existir e que agora só acrescentam tempo. Podem ser políticas, antes cruciais, mas não mais necessárias. Podem até mesmo ser físicos – gargalos literais no funcionamento tranquilo da empresa.

Lembro-me de um gargalo que encontramos quando mudamos nossos escritórios de Roppongi para Shinagawa City. Tudo parecia caminhar tranquilamente – exceto às segundas-feiras, quando fazíamos nossa reunião com toda a equipe no início do dia. Todos os funcionários precisavam comparecer a essa reunião e, portanto, na segunda-feira de manhã víamos milhares de funcionários tentando se enfiar nos elevadores do lobby para chegar a tempo à reunião. Levava 30 minutos até que todos tomassem seus lugares.

Quando vi isso, fiquei furioso. Pelos meus cálculos, se cada funcionário estava perdendo 30 minutos, toda a empresa estava perdendo 2.500 horas de trabalho naquele dia. Como podíamos exigir rapidez e ver nossos funcionários parados em uma fila durante toda a manhã para entrar em um elevador? Era inaceitável.

Atacamos o problema quando resolvemos o gargalo. A resposta foi reprogramar os elevadores. Muito tempo era perdido porque os elevadores paravam em todos os andares, tanto para cima quanto para baixo. Era como embarcar em um trem e parar em todas as estações do caminho – passageiros frustrados se acotovelando para entrar e sair dos vagões lotados.

Decidi que em nosso edifício de 23 andares, os elevadores parariam apenas no 1º, 2º, 3º, 5º, 7º, 10º, 13º, 14º, 17º e 21º. As escadas ficariam livres para os funcionários se deslocarem entre os andares restantes. Instalamos novos painéis no elevador que tinham apenas esses botões. Fizemos exceções, é claro, para os deficientes. Mas, como regra geral, pedimos que os funcionários usassem o elevador para se deslocar apenas entre esses andares, e utilizassem as escadas para acessar os outros andares.

Resultado: o tempo de espera para um elevador no Rakuten Tower caiu para cinco minutos. Aumentamos a produtividade dos trabalhadores. Reduzimos o stress das pessoas se acotovelando para chegar a uma reunião a tempo. Ao invés de aceitar o gargalo, nós o atacamos.

MENSURAÇÃO DA RAPIDEZ

Muitas empresas temem a rapidez porque receiam cometer erros. Ao trabalharem com muita rapidez, temem que as atividades saiam de controle, que ocorram erros, e que oportunidades sejam perdidas.

Não é um medo infundado. A rapidez pode tornar mais difícil detectar os principais eventos que vão se desenrolando. Mas desacelerar não é a resposta para tal desafio. Enfrentamos os desafios criados pela rapidez com outra estratégia. Implantamos uma política de métricas e medição.

Muitas vezes a medição não é vista como uma atividade de rapidez, mas uma atividade de trabalho mais lento e metódico.

Adotamos o ponto de vista oposto. Na Rakuten, medimos tudo, não em uma tentativa de desacelerar e adotar um olhar mais metódico, mas sim, para manter um olhar atento sobre os acontecimentos dinâmicos. Quando uma empresa se move rapidamente, as métricas são fundamentais para que uma imagem concreta da empresa fique visível em todos os momentos. Nunca se torna um borrão veloz. Por esta razão, nossa paixão pela medição e pela rapidez andam de mãos dadas.

Como concretizamos isso sem abrir mão da rapidez ou da precisão?

MEDIMOS O TEMPO TODO

Fazer a medição até mesmo das atividades diárias mais diminutas é uma das maneiras que a Rakuten adotou para sua ascensão "sortuda". Muitos olham para a nossa empresa e dizem que tivemos sorte. O que realmente nos levou adiante foram as melhorias incrementais – pequenas melhorias diárias. Como sei disso? Porque medimos tudo o tempo todo.

Não basta só trabalhar com afinco todos os dias. Apenas seja um pouco mais eficiente hoje do que foi ontem, e um pouquinho mais eficiente amanhã do que foi hoje. Não importa a altura da montanha que um alpinista deseje escalar, ele deve começar colocando um pé na frente do outro. Em termos de negócios, até mesmo uma melhoria de 0,01% contribui para o processo. Se fizer uma melhoria de 0,01% todos os dias, depois de um ano, você será 44% melhor naquilo que faz. Uma forma de realizar essa melhoria é acompanhar as melhorias que são feitas. A medição é uma parte natural do processo de melhoria.

MENSURAMOS O RISCO

Não basta medir o progresso. Para tomar uma decisão inteligente, você também deve ser capaz de mensurar o risco. "Risco" é uma palavra que quase sempre aparece acompanhada da palavra "prevenção". E isso é um erro quando se trata de negócios. Muitas vezes, é o indivíduo disposto a enfrentar o risco que terá êxito. Se olhar para a história de empresas grandiosas, encontrará um grupo de indivíduos que correram grandes riscos.

O segredo é entender exatamente o tipo e o tamanho do risco que você enfrenta. É um tipo de exercício de medição. Você está tentando quantificar o risco que enfrenta mediante a compreensão dos números que o representam.

Vivemos este tipo de situação no início da história da Rakuten, quando implementamos nosso mercado. O conceito de um shopping na Internet já era compreendido, e havia um histórico comprovado de fracasso no Japão e em outras nações maiores. E como foi que lidamos com esse risco claro e real?

Minha abordagem foi não me sentir intimidado pelo risco, mas trabalhar para entender seu tamanho e escopo – com precisão – a fim de elaborar os melhores planos possíveis. O maior risco que enfrentei naquela época foi a possibilidade de que a internet não se disseminaria tão rápido como eu havia previsto. A rapidez da difusão que vimos em 1997 não foi suficiente para atrair clientes em número adequado para nosso mercado. O modelo inicial do negócio dependia da rápida disseminação da internet por todo o mundo. Havia sempre a possibilidade de ir à falência se a internet não se espalhasse tão rápido como eu havia previsto.

A fim de lidar com esse risco, definimos a taxa para a abertura de uma loja no mercado da Rakuten em 50 mil ienes (cerca de

US$500), e pedimos que os lojistas pagassem por um semestre de serviço antecipadamente. Isso significava que mesmo se a internet não se disseminasse tão rápido como era esperado, ainda conseguiríamos manter um fluxo de caixa mínimo. Ao mesmo tempo, mantivemos nosso investimento de capital e o quadro de funcionários em níveis baixos. Por mantermos uma escala reduzida, estaríamos em melhores condições de esperar, se necessário, que o fenômeno da internet "pegasse". Portanto, nossa abordagem para lidar com o risco não era caracterizada por bravatas e coragem, mas pela precisão e cuidado. Trabalhamos para compreender o tamanho e o tipo do risco que enfrentávamos, e desenvolvemos um plano para lidar com isso, mesmo no pior cenário. Mensuramos nosso risco e preparamos uma resposta apropriada.

MENSURAMOS PARA PREDIZER O FUTURO

Talvez as métricas não lhe permitam ver o futuro como será exatamente, mas você ainda pode imaginar vários cenários prováveis. Fazer isso bem requer não apenas uma previsão inteligente, mas também a coleta de dados inteligente. A tarefa de medir até onde chegamos reúne os dados que precisamos para prever para onde possamos estar indo. Relembro mais uma vez os primórdios do mercado da Rakuten. Eu havia definido um preço baixo para os novos comerciantes – e então tive de fazer previsões para o futuro. Eu não tinha o poder de prever o futuro que se tornaria real, mas tinha a capacidade de elaborar cenários prováveis. Examinar a atividade da internet como ela era naquela época me deu os números que usei para fazer minha melhor previsão para o futuro.

CRIAMOS NOSSAS PRÓPRIAS FERRAMENTAS E PROCESSOS: A CURVA DE MIKITANI

A qualidade é promovida ou destruída por melhorias de 0,5%. Estimulo todos em minha organização a dar o melhor de si – e, em seguida, fazer 0,5% a mais. É este último esforço que impulsiona os produtos bons a se tornarem produtos melhores.

Quer se trate de aparelhos de TV, automóveis ou panelas de arroz, os fabricantes se empenham imensamente para garantir que seus produtos sejam os melhores. O mesmo se aplica às vendas, ao café do seu bairro, restaurantes, e todas as lojas no mercado Rakuten. Todos estão dando o melhor de si para serem os melhores.

Ainda assim, há diferenças muitas vezes óbvias entre um produto ou serviço e seu concorrente mais próximo. Muitas vezes fica claro que um produto é bom e o outro é apenas o melhor. Às vezes, a diferença entre o bom e o melhor é tão pequena que é quase impossível de ser mensurada. *Quase*. Porque é claro, se for mensurada com cuidado, a diferença pode ser revelada.

Imagine que tenha um pedaço de tecido de algodão e um pedaço de seda. Qual é o mais macio? Você pode responder apenas pelo toque. No entanto, se examinar os fios da superfície, a diferença entre as espessuras de cada fio pode ser inferior a 0,1 milímetros. Entre pedaços de seda e algodão, ou mesmo entre dois pedaços de algodão, você pode determinar a qualidade apenas pelo toque. Quando traduz as diferenças em números, elas podem ficar perto de zero. A menor diferença numérica pode trazer um resultado final substancial. A diferença entre algodão e seda. A diferença entre o bom e o melhor.

Definir essa métrica para si mesmo – o esforço final de 0,5%. Este é o fundamento para o que chamo de Curva de Mikitani. O último passo é sempre o mais importante. É esse último 0,5% de esforço que você dedica a seu trabalho que melhora tudo. Seja consciente dessa métrica e crie um sistema para garantir que você sempre faça esse esforço final. As últimas gotas de esforço podem melhorar a qualidade subjetiva de um produto rapidamente ao longo de um padrão não muito diferente de uma equação quadrática.

APLICAÇÃO DE MÉTRICAS PARA A RAPIDEZ

As táticas de medição só podem produzir rapidez quando os resultados são aplicados nas operações do dia a dia. Veja como fazemos isso.

LEMOS AS TENDÊNCIAS NOS NÚMEROS

Vendas, lucratividade, pontos de equilíbrio, lucros organizacionais, ações, preços, números sobre os clientes – o mundo dos negócios está cheio de números.

Aprender a interpretar esses números é uma exigência fundamental para a administração.

Os números são fatos. Eles não mentem para você ou tentam lhe dizer o que quer ouvir. Não existem ferramentas mais confiáveis para ajudá-lo a compreender os detalhes de seu negócio.

Alguns podem argumentar que os números, na verdade, mentem. Uma empresa de investimentos suspeitos muitas vezes cria gráficos e cálculos aparentemente confiáveis. Nessas circunstâncias, pode parecer que os números mintam. Mas, na verdade, um exame mais atento mostra que os números, se lidos corretamente, teriam contado a verdade aos investidores.

O verdadeiro motivo pelo qual os números parecem mentir é que às vezes o indivíduo interpreta equivocadamente a história que eles estão, na realidade, contando. Não estou falando sobre "maquiagem contábil" ou sobre ocasiões em que alguém está mentindo abertamente. Essa é uma situação diferente. Na maioria das vezes, as pessoas são enganadas por números porque sofrem de um problema de compreensão.

Para interpretar os números corretamente, é preciso desenvolver sua capacidade de relacionar os números com a realidade. Também se pode chamar isto de uma capacidade de imaginar coisas maiores e melhores só de se olhar os números. Se você não tiver essa habilidade, não importa a rapidez dos cálculos ou sua capacidade de gravar números.

Se quiser melhorar sua capacidade de interpretar números, deve começar correndo atrás da mudança nas estatísticas.

Todos os funcionários da Rakuten enviam relatórios diários a seus superiores. Organizamos isso de tal forma que os vários números recebidos em cada seção a cada dia sejam organizados e enviados para mim. Em um dia, recebo um livro de cinco centímetros de espessura, que contém todos os números da empresa daquele dia.

Basta olhar para os números para perceber não só o que está acontecendo em seu próprio negócio, mas também no mundo à sua volta. Eles esclarecem as circunstâncias e também os resultados da atividade de uma empresa. A capacidade de entender esses números é a capacidade de entender onde o seu negócio está agora, e para onde ele pode ir amanhã.

USAMOS A MENSURAÇÃO PARA ACELERAR A INOVAÇÃO

Finalmente, há mais uma forma de aproveitar o processo de medição para nos levar mais rapidamente em direção a nossos objetivos. Usamos a medição na busca pela inovação. Muitos consideram a inovação um processo "sonhador", ligado ao pensamento criativo puro. Na verdade, a grande inovação é inspirada pelos sonhos e lançada por um processo amadurecido e estruturado. A medição desempenha um papel fundamental no lançamento dos sonhos mais ambiciosos. Ela fornece os alicerces para a possibilidade.

Desenvolva métricas para mensurar sua intuição.

Existe uma métrica para a imaginação? Acreditamos que sim.

Digamos que um dia você se esqueça de levar um livro consigo durante o trajeto de ônibus até o escritório. De repente, se sente inspirado a abrir uma livraria em frente a seu ponto de ônibus. Você imagina, naquele momento, que a loja teria grande popularidade.

Essa é a sua intuição em ação. Muitas pessoas tiveram sucesso nos negócios graças apenas à sua intuição. Mas há muitas, muitas outras que fracassaram por depender demais dela.

A intuição é fundamental para o sucesso. Mas é apenas o primeiro passo. O lampejo de imaginação que teve enquanto esperava o ônibus e imaginou sua livraria é como o primeiro esboço de seu plano de negócios – um esboço. Naquele momento, não há detalhes. E, claro, no mundo dos negócios, os detalhes são importantes. Os detalhes podem lhe mostrar obstáculos nunca esperados. Se elaborar um plano de negócios usando apenas sua inspiração e sem incluir detalhes, fracassará.

Em vez disso, precisa desenvolver métricas para mensurar sua intuição.

Lance mão de sua intuição e examine-a à luz dos números concretos. Quantas pessoas passam pelo ponto de ônibus? Qual é o volume de vendas das lojas próximas? Quantas pessoas visitam livrarias na próxima parada de ônibus? Quais são os seus lucros? Qual é o valor dos aluguéis em seu bairro? Quais são os gastos com folha de pagamento de uma livraria? Reuna esses e outros números, e comece a calcular os lucros que sua livraria pode gerar.

Quando tiver preenchido os detalhes de seu plano com números concretos, analise novamente o fruto de sua inspiração. Examine a ideia e os números coletados para mensurar seu valor.

Ao fazer esse exercício, você não só irá avaliar sua primeira ideia, mas também começará a desenvolver um novo tipo de intuição. Começará a ver sua ideia sob o ponto de vista dos números. Talvez quando sua ideia for mensurada em termos reais, o potencial de lucro não seja tão substancial quanto imaginava. Isso não significa que deva desistir. Pegue seu plano detalhado, continue a examiná-lo, e compare-o com suas expectativas iniciais. Talvez tenha calculado algo errado. Talvez haja uma maneira de aumentar os números. À medida que percorrer esse processo, começará a ter novas ideias. Esta é sua segunda onda de inspiração.

Agora pegue seu novo modelo e reinicie o processo de medição. Os números que você precisa serão diferentes a cada vez. Você repetirá esse processo continuamente, sonhando e medindo. É dessa maneira que você fará o melhor uso de sua intuição.

A intuição é um grande trunfo nos negócios. Mas só alcança seu propósito mais nobre quando aliada às métricas. A medição pega os sonhos e coloca-os no caminho da realidade.

USE MODELOS DE REFERÊNCIA

Para concluir, apresento uma forma essencial de incorporarmos a rapidez aos processos na Rakuten: por meio do uso de modelos de referência. Este processo não é tão concreto como os outros que apresentei. É mais um estado de espírito. Porém, quando implantado corretamente, gera uma imensa economia de tempo na criação e no lançamento de novos produtos e serviços.

As pessoas de sucesso tendem a seguir padrões que dão certo. As empresas de sucesso fazem o mesmo. Se você desfruta de sucesso em uma área, pense sobre quais fatores contribuíram para isso e como pode aplicar esta mesma estratégia em outra área – para replicar seu sucesso em outro palco.

Por exemplo, na Rakuten Ichiba, introduzimos ofertas especiais para convencer os comerciantes a abrir lojas; introduzimos um programa de pontos; instituímos medidas para cortar custos. Cada uma dessas medidas contribuiu para o sucesso do programa. Em retrospecto, consideramos esses esforços como um modelo de referência útil. Em seguida, pegamos esse modelo de referência e procuramos outras formas de aplicá-lo. Consideramos o modelo para cada novo negócio em que entramos –títulos mobiliários, viagens, esportes. Nós o aplicamos aos novos mercados em que entramos na Europa, Ásia e América do Norte.

Parece simples, mas muitas empresas – especialmente as start--ups – deixam de reconhecer e reaproveitar seus modelos de referência. Tendem a atribuir seu sucesso inicial a uma força única de originalidade ou criatividade. E, em alguns casos, pode ser isso mesmo. Todavia, o segredo de uma expansão rápida está em assimilar os modelos de referência que seu sucesso criou para você.

COMO ALCANÇAR RAPIDEZ NO GOVERNO

A rapidez é boa para os indivíduos, pessoas físicas. Também é boa para as empresas, pessoas jurídicas. É lógico supor que a rapidez também deva ser algo bom para as instituições públicas – agências governamentais, concessionárias de serviços públicos. No entanto, esse conceito é quase estranho para muitas instituições públicas.

Acredito que os líderes empresariais possam ajudar nesse sentido. Muitas vezes, eles são convidados a participar em projetos públicos – às vezes como financiadores, em outras, para oferecer liderança ou outro tipo de apoio. Quando interagimos com as instituições públicas, devemos expressar a mesma necessidade de rapidez que implantamos em nossas empresas. Ao aceitar que as instituições públicas atuem lentamente, permitimos que continuem a fazer isso, sem controle. Passamos a aceitar isso, por assim dizer. Quando funcionários do governo admitiram que tinham sido lentos para responder à crise após o tsunami de março de 2011, poucos ficaram surpresos. Foi apenas mais um exemplo de como as instituições públicas não conseguem se posicionar para serem rápidas. Mas só porque uma organização sempre agiu com lentidão não significa que ela deva fazer isso para sempre.

CONCLUSÃO

O tempo é mais importante do que a habilidade. Essa é uma verdade da qual todos poderiam se beneficiar se ao menos a aceitassem. É apenas uma questão de matemática. Um dia tem 24 horas. Um ano tem 365 dias. Essas são condições que ninguém pode mudar. O que diferencia uma pessoa da outra é com quanta eficiência usa o tempo. Alguém que atua com agilidade sempre terá vantagem sobre alguém que não o faz. O efeito é como se o primeiro indivíduo tivesse recebido uma quantidade exponencialmente maior de tempo para atingir seus objetivos.

Não importa quão qualificado seja, nunca irá superar alguém que consegue encaixar 40 horas de trabalho em um dia quando você só consegue encaixar 24 horas.

Faça a conta.

O MODO RAKUTEN

- Torne a rapidez uma prioridade da empresa. Procure maneiras de reduzir as horas com o mesmo zelo que usaria para reduzir os custos. Recompense a rapidez como um comportamento corporativo e motive as equipes para aceitá-la como um estado natural de fazer as coisas, e não como uma tática usada apenas em ocasiões especiais.
- Torne a rapidez uma prioridade pessoal. O que está fazendo agora que poderia ser feito mais rápido? Não espere que alguém dê as ordens; faça da rapidez uma meta pessoal.
- Dê espaço para que sejam feitos ajustes durante o percurso. Quando você aceita a rapidez, também deve perceber que as melhorias precisarão ser feitas nos projetos em andamento. Ao invés de esperar até que um projeto esteja aperfeiçoado, permita que ele seja lançado com rapidez, e aprimorado ao longo da jornada.

9

REESCREVENDO AS REGRAS DA DOAÇÃO

A NOVA ONDA DO ENVOLVIMENTO COM A COMUNIDADE

Em 2003, recebi um telefonema do prefeito de minha cidade natal, Kobe. Ele queria conversar comigo sobre o time de futebol da região.

Kobe, como muitas outras cidades no Japão, tem um clube de futebol da localidade. Embora seja sensacional torcer por jogadores de calibre internacional, existe algo de especial em comparecer a um jogo do time da casa. É um evento que reúne a comunidade e promove o orgulho da cidade.

Contudo, o time de futebol da cidade de Kobe estava em apuros. Era um momento econômico difícil no Japão, e muitas empresas estavam lutando para conseguir gerar lucro. O principal patrocinador do time da cidade, um supermercado, estava em sérias dificuldades financeiras. Não poderia continuar sendo o patrocinador do time de futebol. A própria cidade de Kobe tinha se envolvido na situação para dirigir a equipe, mas também não tinha condições de continuar, por razões financeiras. A existência do time estava ameaçada.

O prefeito de Kobe me pediu para intervir e assumir o patrocínio. Apesar de não viver mais em Kobe, meus pais e minha irmã ainda vivem, e tenho um forte apego à cidade. Mas esse não foi o único motivo pelo qual eu disse sim. Concordei em comprar a equipe e dar-lhe apoio financeiro por outra razão, que é maior do que a afeição por minha cidade e meus laços familiares lá. Entrei em cena porque acredito que as equipes esportivas e outras instituições culturais, como as artes e a música, desempenham um papel especial e fundamental na experiência humana. As empresas, creio, devem fazer um esforço maior para se envolverem e apoiarem essas instituições. É parte de nossa responsabilidade com nossas comunidades e nossos companheiros seres humanos. É parte da missão que todos devemos partilhar a fim de melhorar a vida das pessoas.

Isso pode soar como uma missão ambiciosa para uma equipe de futebol local. Como um clube de futebol de Kobe pode melhorar a condição humana? É mais do que a maioria das pessoas espera de suas instituições culturais. Mas isso faz parte de minha visão como líder. Neste capítulo, compartilharei com você a razão pela qual acredito que as empresas devam participar do espaço cultural – nos esportes, nas artes, e em todos os aspectos da comunidade maior. Muitas empresas fazem publicidade sobre seu envolvimento com a comunidade, mas acredito que o meio empresarial pode fazer muito mais do que faz hoje. Não é raro ver uma empresa doar dinheiro para uma instituição de caridade da região ou financiar um time de futebol da cidade. Essas práticas são consideradas comuns, reconhecidas como um bom marketing para qualquer empresa. Mas eu diria que o envolvimento da comunidade precisa transcender as oportunidades de marketing. É preciso reconhecer o papel das empresas no aprimoramento da experiência humana. Estou no meio empresarial não apenas para promover o sucesso de meu negócio, mas para tornar o mundo um lugar melhor. Isso se estende além das paredes de meu escritório e em muitos aspectos de minha comunidade – desde minha cidade natal até o cenário global.

Não é apenas uma forma de "retribuir". É e deve ser parte de nossa razão de ser como empresas. Discutirei como coloco essa crença em prática todos os dias na Rakuten.

A RETRIBUIÇÃO POR MEIO DE INSTITUIÇÕES CULTURAIS

Se você analisar os relatórios anuais de muitas empresas de grande porte, verá a seção em que a empresa fala sobre como ela "retribui" o que ganhou à comunidade. Esse apoio muitas vezes assume a forma de contribuições para instituições de caridade. A empresa pode patrocinar uma equipe ou um projeto de artes. Pode facilitar o voluntariado de seus colaboradores e apoiar causas nobres. Ou pode apenas fazer um cheque para uma instituição de caridade séria. Essas práticas são todas boas, e devem continuar. No entanto, acho errado que o envolvimento das empresas nas instituições culturais comece e termine pelo apoio financeiro. Podemos fazer muito mais como líderes empresariais. Há muito mais que devemos fazer para contribuir para a comunidade humana mais ampla.

Podemos fornecer liderança e apoio para a mudança. Uma das formas pelas quais podemos fazê-lo é por meio de nosso apoio às instituições culturais – não apenas na forma de apoio financeiro, mas na administração e participação nas atividades. Quando nos envolvemos com instituições culturais, nos envolvemos com nossas comunidades de maneiras novas e vigorosas. Não estamos apenas em uma relação de negócios com nossos clientes, mas em uma forma mais profunda e mais pessoal de comunicação, que não influencia apenas o comércio e a economia, mas também as emoções e valores que atuam como uma corrente em nosso cotidiano. Acredito que o impacto de uma empresa não deve se limitar às fronteiras do comércio. Para ter um impacto realmente positivo, uma empresa deve estar disposta a sair de sua zona de conforto econômico e ingressar no mundo em que as pessoas vivem, interagem e criam uma comunidade.

De muitas maneiras, minhas atividades na comunidade refletem não só meus objetivos empresariais, mas também meus objetivos pessoais maiores de melhorar a condição humana. Meu envolvimento com o serviço comunitário não é uma atividade "paralela". Ele está totalmente ligado a meus objetivos gerais como empresário e como ser humano.

Já disse muitas vezes, neste livro e em outros lugares, que ando frustrado com o ritmo de mudança em muitos aspectos da sociedade japonesa. Fiquei frustrado com as visões antiquadas de nosso segmento de mídia quando tentei adquirir o Tokyo Broadcasting System. Estava tão farto da mentalidade arraigada do setor de concessões públicas japonês que pedi demissão – bem publicamente, pelo Twitter – de um grupo comercial de grande proeminência. Em meu negócio, dediquei grande esforço para sacudir velhas regras e modos antiquados de pensar. Meu trabalho no esporte é mais uma plataforma para esse esforço.

Em 2005, recebi permissão para criar uma nova franquia de beisebol da Pacific League em Sendai. Não foi fácil conseguir. Tive de participar de um longuíssimo concurso público com outra empresa japonesa para garantir o direito de criar essa franquia. Foi um processo caro e demorado. Além do mais, o beisebol no Japão estava em um período turbulento. Tínhamos acabado de presenciar a primeira greve de jogadores de beisebol na história do país, e a estrutura tradicional da liga estava sob fogo cruzado.

Então, por que decidi entrar nesta arena? Achei que o beisebol oferecia mais uma maneira de promover minha filosofia de que as formas ultrapassadas de fazer negócios precisam mudar.

O beisebol sempre teve grande popularidade no Japão, mas sua imagem às vezes é afetada por causa dos negócios secretos fechados nos bastidores. Há rumores constantes de comportamentos inadequados envolvendo subornos ou números inflacionados de venda de ingressos. Esta falta de transparência é uma sombra sobre o jogo. Prejudica a capacidade da instituição em promover uma mudança positiva na comunidade.

Imprimi um novo tipo de administração para a minha equipe, a Tohoku Rakuten Golden Eagles. Trouxe uma nova equipe de treinadores e de funcionários – escolhidos especificamente por seu talento e a ausência de laços com a "velha guarda" dos negócios japoneses. Resolvi administrar o time com total transparência, combatendo o histórico maculado que assolava o esporte. Não disse às outras equipes como deveriam funcionar, mas deixei claro que eu pretendia ser diferente. Eu queria ser aberto e, ao fazer isso, sinalizar a chegada de uma nova era ao jogo.

Incentivei os administradores do time a adotar novos métodos de contratação e treinamento, incluindo desde a forma como a equipe ficava hospedada até com sua alimentação. Fizemos muitas coisas que irritaram alguns dos "cartolas" do beisebol. Mas grande parte do beisebol havia se tornado um sistema de tradições e de práticas aceitas com tanta naturalidade que o jogo em si tinha sido afetado.

Eu também acreditava que uma empresa deveria trabalhar não apenas visando o lucro, mas também pela alegria, e apliquei o conceito ao campo de beisebol. O beisebol não é apenas um esporte, é uma forma de entretenimento. É um sistema que leva alegria ao público, e este aspecto do jogo não pode ser negligenciado. Os grandes jogadores sempre compreenderam isso. Considere o exemplo do grande rebatedor de *home runs* japonês Shigeo Nagashima. Ele é famoso não só por seus *home runs*, mas também pela forma galante com a qual tentava fazer a melhor rebatida. Era comum ver seu capacete voar quando batia para fora. Para mim, é um sinal não apenas de um atleta trabalhando, mas também de um artista em seu elemento. Mesmo quando batia para fora, dava aos fãs o *frisson* que precisavam e um motivo para vibrar com seu tremendo esforço em campo. É um verdadeiro exemplo de como o esporte pode e deve transcender as regras do jogo e envolver-se com a experiência do público. É pela alegria do público que o jogo é disputado.

Muitos de nossos esforços giram em torno de maneiras de transformar os espectadores do beisebol em participantes do jogo. Nos documentos de fundação da equipe, encontrará a filosofia de negócios da nossa equipe: "The Baseball Entertainment Company – Somos um clube de beisebol que provoca emoções e inspira sonhos através do jogo de beisebol." Orientados por essa filosofia, a organização está se esforçando para criar uma nova marca de cultura dos espectadores na qual os fãs que assistam aos jogos também sintam a emoção que vem da participação direta.

São realizados eventos antes dos jogos que dão aos fãs locais a oportunidade de participar, sob o lema "Espectadores se Tornam Participantes". Entre os eventos, podemos citar escolas e coros cantando o hino nacional e procissões tradicionais que apresentam as formas artísticas tradicionais da região. Muitas pessoas já participaram desses eventos desde que a equipe foi criada. Na verdade, o número de participantes ao longo dos anos já chega a 50 mil.

O Rakuten Golden Eagles tem um programa de voluntariado que permite que os fãs da cidade participem diretamente do funcionamento do clube. É uma iniciativa pioneira no beisebol profissional e vigora desde a criação da equipe. O principal objetivo do programa é conectar o time com a comunidade. Milhares de fãs entre 16 e 77 anos já participaram do programa. Voluntários trabalham nas cinco *Eco Stations*, separando resíduos e disseminando a mensagem sobre consciência ecológica. O clube tem três categorias de voluntários. Além dos "ecovoluntários," que promovem atividades voltadas para a ecologia, o clube também conta com os serviços de guias do estádio, que ajudam as pessoas a se localizar no Kleenex Stadium Miyagi durante os jogos, e com voluntários médicos, que prestam os primeiros socorros em situações de emergência médica.

Meu trabalho no beisebol nunca foi apenas sobre esporte. Eis exemplos não apenas de como eu acreditava que o beisebol deveria funcionar, mas também como todas as instituições no Japão deveriam funcionar – com transparência, abertura e modalidades contratuais que sustentem a excelência individual e da equipe. Quando entrei no mundo do beisebol, estava muito consciente de que a iniciativa chamaria a atenção para mim e para a Rakuten. Aproveitei a oportunidade para demonstrar meu processo de administração empresarial e minha esperança de um novo modelo de negócios no Japão que desafie as antigas formas arraigadas e descubra maneiras novas e melhores para seguir adiante.

O beisebol é apenas uma das formas mais visíveis que tenho para interagir com a comunidade. Passei por um processo semelhante quando me tornei presidente da Tokyo Philharmonic Orchestra, a Orquestra Filarmônica de Tóquio. Não foi um cargo que eu procurasse. Quando fui abordado pelo presidente anterior, Norio Ohga, ex-presidente da Sony, disse a ele que eu não tinha certeza se estava bem preparado para a tarefa. Afinal de contas, disse a Ohga, que a única música da qual eu participava era o karaoke. Como poderia estar a serviço de uma grande instituição musical como a Filarmônica?

Ohga respondeu assim:

"Primeiro", ele disse, "karaoke é música. Segundo, tenho certeza de que você vai descobrir uma maneira de se sair bem no cargo".

Estou encarando este desafio da mesma forma que encarei o beisebol: O que posso fazer a serviço desta instituição cultural que traga liderança e um exemplo positivo para a comunidade em geral? Uma das áreas que estou analisando agora é a maneira como a Filarmônica contrata e retém seus músicos. O sistema é um arranjo contratual muito antigo e tradicional. Será a melhor maneira de agir? Ela atrai os melhores e mais brilhantes músicos para nossa instituição? Uma mudança nos procedimentos contratuais e de recrutamento traria uma evolução positiva para a música que todos gostamos? Não importa as mudanças que eu defenda, elas espelharão meus esforços no mundo dos esportes: procurarei maneiras de mudar o jogo e melhorar o desempenho. Este é o papel de liderança que o meio empresarial pode desempenhar no espaço cultural.

PODEMOS SERVIR DE INSPIRAÇÃO

É fácil considerar instituições como os esportes e a música como distrações da vida real. Alguns dizem que elas oferecem entretenimento, mas não desempenham um papel fundamental na sociedade. Rejeito essa definição, e considero as instituições culturais como algo vital. Uma de suas funções sociais é servir de inspiração.

Isso nunca ficou tão evidente como nos meses após o terremoto e tsunami de 2011.

O Rakuten Eagles está sediado em Sendai, onde os danos causados pelo terremoto e pelo tsunami foram mais expressivos. O estádio da equipe sofreu graves danos: paredes e calçadas ficaram rachadas, e o local ficou inundado. Muitos dos fãs da equipe ficaram feridos ou perderam suas casas por causa do desastre. Nos primeiros dias após o evento, cresceram temores sobre o que poderia acontecer com a usina nuclear que ficava perto dali. Foi uma época de grande agitação física e emocional para a região e para o país.

Em meio a esse desafio, houve grande alarde quando as partidas de beisebol foram retomadas no Japão – e o Rakuten Eagles entrou em campo. Isso aconteceu praticamente um mês após o terremoto e o tsunami. Os Eagles não poderiam jogar em seu próprio estádio, que estava danificado, e tiveram que viajar para a cidade de Chiba para enfrentar o Chiba Lotte Marines. Muitos fãs do Eagles também fizeram essa viagem. Os jogadores do Eagles usavam pedacinhos de tecido costurados em seus uniformes, com uma mensagem que encorajava os fãs a perseverar em meio aos desafios.

Foi um jogo inspirador. O receptor Motohiro Shima rebateu um *home run* na direção das arquibancadas do lado esquerdo do campo, onde a torcida do Eagles estava sentada. Os Eagles venceram de 6 a 4, e depois da partida alguns jogadores dos Eagles correram para o lado esquerdo do campo para acenar para os torcedores.

A cobertura jornalística do jogo registra as emoções sentidas pelos fãs naquele dia. Acreditavam que a equipe lhes transmitira energia. Extraíram força da vitória. Animaram os jogadores e foram animados por eles. Foi um momento em que uma equipe esportiva fez muito mais do que entreter – inspirou a torcida.

A inspiração é um papel esquecido por muitas empresas quando se envolvem com uma instituição cultural. Elas podem considerá-la algo banal – um item menor de sua lista de tarefas comunitárias a cumprir, que não chega a afetar a lucratividade da empresa. Mas para os fãs, um time, uma orquestra ou um evento pode significar muito mais. Um dia, é uma fonte de entretenimento, mas nas semanas após uma experiência traumática, como o terremoto de 2011, pode assumir um papel emocional muito mais importante na vida das pessoas.

PODEMOS DEMONSTRAR AS MELHORES PRÁTICAS

Muito do que fazemos na comunidade empresarial poderia ser de utilidade para outros, mas eles talvez não tenham tempo ou disposição para vir a nosso escritório e ver isso na prática. Quando desempenhamos um papel de liderança nas instituições culturais, criamos uma plataforma visível para o conhecimento que adquirimos. Um exemplo excelente disso é aplicado na área de sustentabilidade.

A Rakuten está profundamente envolvida no apoio e criação de esforços para promover práticas ecológicas. Porém, nem todos dedicam tempo para rever nossos padrões de embalagem ou visitar nossa sede. Nossos esforços no espaço cultural, portanto, contribuem na divulgação de tudo que temos aprendido. Em nossos esforços no beisebol, o Rakuten Golden Eagles desenvolveu novas embalagens para viagem que são fornecidas pelos vendedores de alimentos e bebidas no Kleenex Stadium Miyagi, a fim de reduzir o desperdício no uso de pratos, copos, hashis e garfos. As embalagens são padronizadas a fim de facilitar o processo de classificação e coleta de resíduos.

Copos reutilizáveis também são vendidos pelos fornecedores do Kleenex Stadium Miyagi, e isso é outra maneira pela qual os fãs assíduos que vêm ao estádio podem ajudar a proteger o meio ambiente, reduzindo os resíduos de papel. Eles podem ver o que aprendemos na Rakuten e que agora podemos demonstrar no palco mais amplo da comunidade cultural.

Podemos ir além dos esforços básicos de reciclagem e avançar com mais determinação e visibilidade em questões que abrangem a energia verde. O projeto Rakuten & Vissel Kobe Eco Project está sendo promovido em Kobe na expectativa de que as notícias sobre o projeto ajudem a expandir o escopo das atividades ecológicas na região. Além dos esforços de reciclagem, o projeto introduziu um experimento em energia verde: o primeiro sistema de geração de energia em esportes com espectadores, desenvolvido pela JR East Consultants Company, está sendo instalado para converter a energia gerada pela torcida dos fãs em energia elétrica.

Esse sistema representa uma nova tentativa de usar as características singulares do Vissel Kobe como um esporte de espectadores e gerar energia a partir das vibrações criadas pelos pulos diferenciados que ocorrem quando as pessoas torcem por um time de futebol. A quantidade de energia elétrica gerada será constantemente exibida em um painel instalado no estádio com o nome do projeto, o que também animará os torcedores. O objetivo é utilizar essa eletricidade como fonte de parte da energia consumida durante o jogo.

PODEMOS OFERECER PLATAFORMAS PARA O DEBATE COMUNITÁRIO

Como sociedade, devemos decidir que rumo queremos seguir. Vivemos em uma época em que muita coisa está mudando muito rápido, graças à tecnologia. Quanto dessa mudança é boa, e quais aspectos são perigosos? Muitas dessas discussões se desenrolam nos círculos empresariais, mas também abrangem o papel e o apoio das instituições culturais.

Tive essa experiência recentemente como proprietário de um time de beisebol. Um time estava prestes a mudar de dono, e a empresa que queria assumir era uma empresa que vende jogos para celular. Tenho minhas ressalvas sobre a forma como as empresas de jogos para dispositivos móveis cobram por seus serviços, e acho que não é saudável promover esse tipo de jogo para crianças. Tudo bem com os jogos em si, mas o sistema pelo qual algumas empresas do ramo se conectam com seus clientes no Japão permitindo que gastem grandes somas com jogos não me agrada muito.

Os adultos podem tomar essa decisão por si mesmos, mas as crianças não compreendem esses riscos. Quando uma empresa é dona de uma equipe de beisebol, está de posse de um enorme microfone que pode usar para se comunicar com os jovens fãs do esporte. Achei que era minha obrigação, como proprietário de um time e como empresário, expressar minhas ressalvas: É esta a mensagem que nós, como sociedade, desejamos enviar a nossos jovens por intermédio de uma forma sagrada de entretenimento? Outras pessoas no segmento de beisebol podem discordar, mas como proprietário de um time, posso usar minha plataforma para abrir a discussão. Esta é uma forma mais significativa do que a oferecida apenas pelo patrocínio a fim de que a comunidade empresarial participe em nossa sociedade.

A RETRIBUIÇÃO POR MEIO DE PARCERIAS

Muitas vezes, quando pretendo fazer uma mudança significativa em um segmento ou mercado global, faço uma aquisição. Quando você é o proprietário, pode instituir sua visão de mudança e de melhoria com rapidez e precisão. É um sistema que tem funcionado bem para a Rakuten no lado empresarial. Mas quando se trata do envolvimento da comunidade, a aquisição nem sempre é o caminho mais adequado. Nem sempre é possível ser o proprietário de uma instituição que precisa de apoio e de mudança. Por essa razão, meu processo de envolvimento com a comunidade não pode ser um processo no qual somente eu tenha o controle das entidades. Também deve haver um papel para parcerias.

A experiência das parcerias público/privadas pode ser complicada. Quando uma empresa une seus esforços com os de uma organização sem fins lucrativos, as duas precisam administrar seus distintos processos e expectativas, a fim de alcançar o sucesso. Isso muitas vezes requer uma solução de compromisso de todas as partes envolvidas. Não posso administrar uma parceria com uma organização sem fins lucrativos como administraria uma divisão de minha empresa. Mas posso trazer minha visão para o sucesso como ela surgiu no mundo dos negócios e aplicá-la ao mundo das organizações sem fins lucrativos. Na verdade, com frequência é este o valor que um líder empresarial pode trazer a uma instituição sem fins lucrativos – uma visão e um caminho para um patamar mais alto de sucesso.

Uma das iniciativas de parceria mais notáveis da Rakuten é a Rakuten IT School – um projeto que abrange todo o Japão, e cujo propósito é conectar a próxima geração com o poder e com as possibilidades da internet. A iniciativa faz parte do projeto social "Faça algo bom, patrocinado pela Rakuten", lançado por ocasião do décimo aniversário do grupo Rakuten. Os programas são coordenados por funcionários voluntários da Rakuten e também por lojistas do Rakuten Ichiba.

As atividades da Rakuten IT School são concebidas para ajudar as crianças a adquirir um sentido completamente novo do potencial da internet que usam todos os dias. Embora possam estar familiarizadas com a internet como uma plataforma de jogos, conversas virtuais, e até mesmo de pesquisa escolar, o objetivo da Rakuten é ensinar-lhes as possibilidades maiores que as aguardam no mundo virtual.

A Rakuten IT School promove a colaboração entre o mundo empresarial e o acadêmico, realizando programas que dão aos alunos experiências de trabalho e aprofundam sua compreensão sobre as lojas que compõem o sistema. Os alunos têm experiência prática atualizando páginas web, enviando produtos, realizando outras operações de lojas de internet, observando o processo de fabricação de produtos, e vendo o local de trabalho de um comerciante de um ângulo que não seria possível de sua mesa ou da tela do computador.

Os alunos colocam a mão na massa para elaborar estratégias de vendas, construir as áreas de vendas do site, fabricar produtos e realizar outras operações executadas pelas lojas do Rakuten Ichiba. Os voluntários donos de lojas e os funcionários da Rakuten orientam as atividades e transmitem seus conhecimentos sobre e-commerce.

Para colocar todo o processo em prática até as vendas no site, é preciso investir cerca de um ano em uma única escola para elaborar estratégias de vendas, após fazermos estudos profundos sobre as tendências de consumo e as características das lojas cooperadas. Quatro escolas participam atualmente do programa. Em dezembro de 2009, o Departamento de Informação e de Mídia do Doshisha Women's College of Liberal Arts firmou uma parceria com a loja Kyoto Morisyou para lançar uma mistura original de especiarias.

Por meio dessa colaboração, os alunos tiveram a oportunidade de ouvir o feedback de clientes reais e aprender mais sobre o funcionamento de uma loja na internet. O projeto também está sendo realizado na Ogawara Commercial High School, em Miyagi, na

Ino Business High School, em Kochi, e na Nobeoka Commercial High School, em Miyazaki.

Além do projeto de e-commerce, a Rakuten promove cursos de familiarização com a internet para transmitir o potencial e o poder inerente à internet, bem como assegurar seu uso adequado e seguro. Os cursos são destinados não só para alunos da escola primária e do ensino médio, mas também para os professores, pais e responsáveis que estejam em posição de explicar às crianças como usar a internet corretamente.

Os cursos para professores, pais e responsáveis visam a transmissão da compreensão dos aspectos psicológicos das crianças que utilizam a internet. São realizadas discussões enquanto os participantes examinam sites reais, a fim de promover uma compreensão mais profunda e conscientizá-los sobre o ponto de vista das crianças.

Outra parceria com a qual estamos envolvidos chama-se Projeto Machi-Raku. Trata-se de um projeto cooperativo para envolver as autoridades municipais no uso da internet a fim de melhorar as condições econômicas de suas regiões.

Começando com a inauguração do programa Machi-Raku Hokkaido em abril de 2008, lançamos o programa de revitalização regional "Machi-Raku", que lança os holofotes sobre as "machi" (comunidades) sobre as províncias de todo o Japão e transmite informações sobre seus respectivos atrativos pela internet. O site do Machi-Raku foi criado para entreter os moradores e visitantes (ou visitantes em potencial), e também fornece informações sobre especialidades regionais disponíveis no Rakuten Ichiba, bem como informações sobre locais turísticos e hotéis, que são publicadas no site de viagens da Rakuten.

O site também abriga espaços criados em conjunto com os governos das províncias, bem como os governos municipais das cidades, vilas e aldeias, para enviar informações locais atualizadas.

Ele fornece acesso a informações sazonais publicadas por governos locais, e ainda hospeda blogs, mantidos por funcionários públicos municipais.

Outra forma de contribuirmos para o projeto é com os Workshops Machi-Raku, patrocinados por nós duas vezes por ano. Convidamos representantes de todas as províncias e apresentamos relatórios sobre nossos projetos atuais nestes workshops, que também servem como ocasiões para compartilhar experiências bem sucedidas de utilização de TI realizadas em conjunto com os governos locais, e para criar oportunidades para a realização de novos projetos.

Sob acordos de parceria com os governos locais, também estamos trabalhando para fortalecer projetos online em conjunto e promover a utilização de TI nos governos locais.

Por que essas parcerias nos beneficiam? Elas não geram necessariamente receita para a Rakuten, embora a transmissão de conhecimentos sobre o uso da internet tenha o potencial de inspirar mais pessoas a utilizar nossos serviços de internet. O que essas parcerias fazem é reforçar nosso valor fundamental: o empoderamento. Se acreditarmos no conceito de empoderamento, devemos acreditar nele tanto dentro de nossa empresa quanto fora dela, na comunidade.

A RETRIBUIÇÃO PELAS AÇÕES FILANTRÓPICAS

Até agora, debrucei-me sobre as novas e criativas maneiras usadas pela Rakuten para se envolver com a comunidade. Mas isso não significa que os métodos tradicionais de apoio à comunidade devam ser deixados para trás. O meio empresarial ainda tem um papel importante e necessário a desempenhar no mundo das doações filantrópicas.

Quando uma comunidade está em crise, as pessoas procuram maneiras de fazer boas ações. Procuram alguma liderança e uma oportunidade de participar de forma positiva e solidária. As empresas podem e devem fornecer tanto esta liderança quanto esta oportunidade, utilizando seus sistemas e infraestrutura para permitir que os indivíduos unam seus esforços e recursos em prol de outras pessoas da comunidade.

Talvez nossos esforços mais visíveis recentemente tenham sido feitos após o terremoto e o tsunami de 2011. Visitei um abrigo de evacuação na cidade de Ishinomaki, na província de Miyagi. A cidade sofreu imensamente com o desastre, então resolvi perguntar às pessoas da região o que eu poderia fazer para ajudar. A caminho da cidade de Ishinomaki, fiz uma parada rápida no Parque Hiyoriyama. No parque, era possível ver a cidade de cima, e a vista revelou uma área completamente devastada pelo tsunami. Não há palavras para descrever a destruição.

Ao conversar com pessoas da Câmara Municipal de Ishinomaki e com os habitantes temporariamente abrigados na escola que fazia as vezes de abrigo de evacuação, pude perceber muitas coisas. Primeiro, a reconstrução será longa. Segundo, tornou-se claro para mim que mesmo aqueles de nós que fazem parte da comunidade empresarial devem fazer todos os esforços para ajudar na reconstrução. Apesar de o Grande Terremoto de Hanshin-Awaji ainda permanecer vívido em minha memória, a cidade de Kobe foi completamente reconstruída e as ruínas após o desastre, ocorrido em 1995, agora são difíceis de imaginar. Embora a extensão dos danos nas duas áreas seja diferente, o sucesso da reconstrução de Kobe me deixa confiante de que a região de Tohoku vai se recuperar desse desastre.

Venho pensando intensamente sobre o que a Rakuten pode fazer por Tohoku e cheguei à conclusão de que a reconstrução não significa apenas restaurar as áreas danificadas e devolvê-las a seu estado original. Ao contrário, a reconstrução envolve a construção de novas comunidades. Cabe a nós e a nossos filhos, herdeiros do futuro deste país, garantir uma reconstrução eficaz. É essencial aprofundarmos a reflexão sobre o meio ambiente global em que vivemos e aproveitar nossas ideias neste campo para a reconstrução do Japão.

Isso significava fazer mais do que arrecadar dinheiro para Tohoku. Significava dedicar um envolvimento mais profundo e sustentado à comunidade.

Criamos uma presença especial na web para destacar nossos comerciantes na região e para passar informações sobre os trabalhos em andamento. Incluímos um calendário de eventos para destacar as notícias e reaberturas de lojas. Oferecemos plataformas para os comerciantes da região se comunicarem com o mundo sobre suas experiências, seus negócios, e seu caminho para a recuperação.

Também procuramos maneiras de ir além do mundo virtual e nos envolvermos nas atividades práticas diárias da região. Patrocinamos eventos que levaram entretenimento aos moradores que estavam em alojamentos temporários e eventos culinários com o propósito de reunir os moradores para refeições comunitárias. Como muitas grandes empresas antes de nós fizeram, arrecadamos dinheiro. Por intermédio de nossos sistemas de negócios, encontramos uma maneira para que as pessoas doassem dinheiro para a região afetada e mostrassem seu apoio direto em prol da recuperação. Essa não foi nossa primeira iniciativa de angariação de fundos. O Rakuten Bank tem servido como ponto de ligação para os esforços de contribuição social em todo o mundo. Arrecadamos fundos de ajuda para apoiar as famílias das vítimas e socorristas dos ataques terroristas de 11 de setembro. Arrecadamos dinheiro para ajudar as vítimas dos terremotos no Paquistão, Rússia, Peru e China. Arrecadamos dinheiro para ajudar na construção de uma escola primária no Camboja. Essa talvez seja a forma mais tradicional encontrada pelas empresas para apoiar a comunidade – pelo patrocínio a projetos de angariação de fundos. Mas mesmo que seja uma prática mais "tradicional", não deve ser esquecida, ainda que encontremos novas maneiras de nos envolvermos com a comunidade que nos rodeia. Por sermos empresas bem-sucedidas, nossas comunidades continuam a nos procurar para obter apoio monetário.

ATIVIDADE EMPRESARIAL SIGNIFICA MAIS DO QUE DINHEIRO

Ainda assim, o dinheiro não é tudo. Certa vez, tive uma experiência que esclarece essa questão do papel das empresas na sociedade mais ampla. No Japão, sou bem conhecido e muitas vezes reconhecido em público. Uma noite, eu estava em um show com minha família e alguém se aproximou e pediu para tirar uma foto comigo.

Como eu estava com minha família naquele momento, recusei.

Mais tarde, minha esposa me disse que eu tinha cometido um erro. "O que custa parar e tirar uma foto?", perguntou ela. "É um gesto pequeno, mas pode significar muito para a pessoa que está pedindo a foto, e você deveria ter dito sim. Isso faz parte do seu papel no mundo fora do escritório."

Analisando a questão depois, percebi que ela estava certa. Não é porque meu ego recebe uma massagem quando sou reconhecido ou quando alguém quer tirar uma foto comigo. Mas meu papel na sociedade não começa e termina com minha empresa. Ele se estende para o mundo a meu redor. Isso não é verdade somente para mim, mas para todos nós. Mas falo mais especificamente para aqueles no mundo dos negócios. O que fazemos em nossas vidas gira em torno de lucros, prejuízos e questões empresariais. Precisamos perceber que, mesmo quando saímos do escritório, nossos papéis como líderes permanecem inalterados. Nossa tarefa é continuar a ser uma fonte de orientação, liderança e inspiração em outros lugares.

Empresários, quando vocês chegarem ao campo de seu relatório anual em que informam a quantia "retribuída" à sua comunidade, perguntem-se se deram mais do que dinheiro. Perguntem-se se têm doado seus talentos como líderes e visionários. Suas empresas não são o único lugar onde seus talentos são necessários. As instituições culturais e as pessoas que os utilizam também precisam desses talentos.

Façam mais do que retribuir. Assumam seu papel.

O MODO RAKUTEN

- Dê globalmente. Para ser uma empresa global, é preciso mais do que fazer negócios em uma região. É preciso estar envolvido em todos os aspectos da comunidade. Isso abrange a participação na comunidade e doações a causas filantrópicas.

- Empodere pela doação. A caridade não precisa ser um gesto estático. Em que pesem alguns eventos, tais como terremotos ou outros desastres naturais, pedirem ajuda monetária direta, as pessoas precisam de mais do que dinheiro – precisam de tempo, esforço e conhecimentos especializados.

- Quebre as regras da participação da comunidade. Regras e tradições associadas ao envolvimento com a comunidade podem existir. Examine-as. Algumas ainda podem ser pertinentes. Outras, como as que discutimos neste capítulo, podem estar pedindo mudança. Procure maneiras de reescrever as regras de participação na comunidade.

Conclusão

O QUE ACONTECE A SEGUIR

A MARCA COMO NAÇÃO

Ao longo destas páginas, debruçamo-nos sobre a tarefa de administrar um negócio global no mundo moderno. Antes de encerrar a discussão, gostaria de enfatizar novamente a missão mais abrangente que tomei a mim. Claro, meu propósito é ter sucesso em meu negócio – é o que meus colegas, consumidores e acionistas esperam de mim, e com razão. É meu trabalho.

Contudo, conforme caminho pela vida como executivo, levo em conta mais do que o sucesso de meu negócio, de meu segmento, e até de meu país. Parte de minha missão consiste em transformar meu negócio e meu trabalho em uma força positiva no mundo. Meu objetivo não se restringe a ter êxito nos negócios, mas ter êxito como ser humano. E para conseguir isso, é preciso estar sempre pensando em formas de aperfeiçoar o mundo.

Lembro-me da primeira vez em que vislumbrei com clareza a estrada que tomaria para realizar isso. Foi no dia em que observei meu colega – então o outro e único integrante de minha empresa em ascensão – lendo o *Wall Street Journal* online. Já mencionei essa experiência nestas páginas. Foi quando tive um lampejo de descoberta, quando percebi de repente e com nitidez o impacto que a internet teria nos negócios. Naquele dia, também percebi o impacto que a internet teria no mundo – não apenas no mundo dos negócios, mas no mundo como um todo.

Quando meu colega estava lendo o *Wall Street Journal* online, o mundo estava à beira de uma mudança. Foi certamente um momento de mudança para o *Wall Street Journal*. Agora o jornal podia alcançar mais clientes com rapidez e eficiência. Mas também foi um momento de mudança para meu colega. Antes da internet, um leitor precisava esperar um ou dois dias até que o *Wall Street Journal* chegasse a Tóquio. Com a internet, o acesso era instantâneo.

Meu colega estava mais bem informado e mais conectado com as últimas notícias sobre negócios. Isso só podia ser uma influência positiva em seu trabalho e em suas perspectivas para o futuro. Ele também havia sido transformado.

Essa onda de mudança é um movimento que continua a influenciar o mundo hoje. Todos os dias, economizamos tempo, alcançamos eficiências, e fazemos conexões graças à internet.

As empresas de e-commerce foram as primeiras a compreender e aceitar o poder da internet. Por isso estamos em uma posição privilegiada para liderar o mundo para o futuro da internet.

Meu objetivo na vida não se restringe a construir um negócio excepcional, mas a construir um futuro excepcional. Para vermos esta evolução, precisaremos ver muitas mudanças.

NO FUTURO, A NATUREZA DO DINHEIRO SERÁ DIFERENTE

Como acontece com muitas coisas que fazemos, o objetivo primordial é promover a mudança positiva no mundo e criar um futuro melhor para a humanidade. Fazemos isso ao reconhecer uma realidade emergente: um dia, os serviços financeiros migrarão – completamente – para a internet.

Um dia, e não vai levar muito tempo, o dinheiro como o conhecemos será tão nostálgico e colecionável como um disco de vinil. Tudo será centralizado na internet.

O dinheiro é, essencialmente, informação. É algo inventado pelos humanos e que não passa de uma promessa entre as partes para a troca de valores. Ele representa o que consideramos o valor de um produto ou um serviço – ou seja, informação. E porque se trata somente de informação, pode, como todos os outros tipos de informação, ser armazenado na internet. É apenas uma questão de tempo até que isso aconteça. As transações financeiras virtuais são muito mais convenientes do que o sistema em papel que utilizamos. Muitas atividades financeiras já ocorrem no espaço digital, e acredito que em breve, todas ocorrerão no mundo virtual. Viveremos em um mundo que não utilizará moedas ou cédulas.

Este é um conceito inquietante para muitas pessoas. É claro que representaria uma grande mudança em relação ao que temos hoje, e ao que já vivenciamos durante nossas vidas. Compreendo que hoje uma cédula de 10 mil ienes ainda transmite a sensação do valor de 10 mil ienes. Mas também sei que se trata apenas de uma sensação – um apego sentimental. Temos este sentimento em relação ao dinheiro porque esta tem sido a nossa experiência, e não porque é a única maneira adequada de abordar o conceito.

Os seres humanos reorganizaram e desenvolveram sua relação com serviços financeiros muitas vezes ao longo da história. Quando iniciamos a prática de colocar nosso dinheiro em bancos, certamente deve ter havido muitos que ficaram receosos com isso, que achavam a ideia perigosa ou insensata. Certamente havia muitos que nutriam um sentimentalismo sobre a "antiga" forma de lidar com o dinheiro, e não queriam abrir mão dos antigos padrões para adotar essa inovação. Muitas gerações depois, não pensamos duas vezes antes de usar os serviços de um banco. É algo normal para nós. O mesmo se aplica aos cartões de crédito. No início, eles eram considerados uma ousadia, e não tão seguros quanto o dinheiro. Hoje, usamos cartões de crédito o tempo todo. É algo normal para nós. Um dia, armazenar dinheiro na internet será encarado da mesma forma.

Bancos, valores mobiliários, seguros – a maioria dos serviços financeiros pode ser acessada pela internet. Com a expansão do e-commerce, tornamo-nos ainda mais acostumados a fazer transações financeiras online, a fazer pagamentos por produtos e serviços, a investir, a tomar e conceder empréstimos. Carregamos tranquilamente um cartão de plástico para pagar pelo que compramos, de automóveis a uma xícara de café.

Uma vez que a despesa de entregar esses serviços seja reduzida quando um consumidor usa a internet, é natural que ainda mais consumidores sigam os passos dos adotantes iniciais. O poder de atratividade de uma forma mais barata e eficiente de fazer negócios não pode ser ignorado. Em um futuro não muito distante, todos os aspectos da vida financeira terão uma opção na internet. E conforme essas opções forem adotadas por consumidores, empresas e negócios, as maneiras antigas – em papel – desaparecerão aos poucos, ficando na história.

Essa evolução não pode ser interrompida. Assim como a mídia não foi capaz de impedir a migração de leitores do jornal em papel para a internet, o setor de serviços financeiros também terá de seguir a transição dos consumidores para a plataforma digital. E à medida que os serviços financeiros forem para o mundo online, os bancos e empresas de valores mobiliários fecharão suas agências físicas. Os modelos de negócio serão reconfigurados para expressar a realidade digital.

NO FUTURO, O COMÉRCIO NÃO SERÁ LIMITADO POR FRONTEIRAS NACIONAIS

A expansão internacional já está acontecendo conforme a Rakuten e outras empresas marcam presença fora de seus países de origem para fazer negócios no mercado global. Isso reformulará a vida de comerciantes e consumidores em todos os lugares. Os fabricantes de bens e prestadores de serviços terão a oportunidade de buscar clientes em todo o mundo. Muitos já o fazem e muitos mais seguirão o exemplo. O ato de "montar uma loja" dependerá cada vez menos da localização e cada vez mais no cliente que o comerciante quiser atender. O comércio não mais se identificará com seu país de origem. Em vez disso, o mundo será o mercado.

Ao mesmo tempo, os consumidores terão acesso aos produtos e serviços mundiais de maneiras novas e estimulantes. Aqueles de nós que vivem em economias desenvolvidas talvez não compreendam totalmente o impacto desta evolução, mas isso significa que onde quer que você viva, poderá ter acesso a tudo o que está à venda. A mudança não apenas trará dinheiro para os comerciantes, mas melhorará a vida dos consumidores em economias menos privilegiadas. O acesso deles a todos os tipos de bens – desde máquinas até entretenimento – nunca poderia ter sido imaginado na era pré-internet. Isso mudará a experiência de seres humanos em todo o mundo.

NO FUTURO, AS MENTES NÃO FICARÃO LIMITADAS POR FRONTEIRAS NACIONAIS

As mentes seguirão o dinheiro no mercado global. Quando os clientes e comerciantes ultrapassarem estas fronteiras nacionais tradicionais e fizerem contato, eles interagirão, debaterão e aprenderão uns sobre os outros de maneiras novas e importantes. Este processo torna-se não só uma transação comercial, mas também a primeira etapa de um relacionamento mais sólido. Enquanto uma transação pode selar o primeiro aperto de mão entre dois indivíduos, o processo de negócios pode dar lugar a um relacionamento mais profundo, em que os indivíduos que um dia se consideraram isoladamente podem começar a perceber conexões partilhadas.

Esse é um de meus objetivos mais ambiciosos como líder empresarial – garantir que a expansão de mentes acompanhe a expansão do mercado. Quando falo no Japão para empresários japoneses, costumo abordar o desenvolvimento desta atitude mental mundial – uma atitude que enxerga além das fronteiras de nossa ilha e vê nosso futuro como parte de um todo integrado. O comércio é o primeiro passo, mas é preciso utilizá-lo como plataforma para construir relacionamentos mais ricos. É assim que o mercado faz mais do que ganhar dinheiro – ele muda o mundo.

As atuais mudanças fundamentais no mercado e nas mentes sugerem que, no futuro, o papel tradicional de "nação" passará por alterações fundamentais. Possivelmente ainda reconheceremos essas fronteiras tradicionais e as culturas que as caracterizam. A era da internet, contudo, permite que os seres humanos se organizem de novas maneiras. As pessoas podem expressar suas alianças de novas formas com clareza e rapidez. Acredito que, no futuro, as marcas serão as forças de organização e inspiração humana – da mesma forma que as nações têm sido ao longo de nossa história. Esta não é apenas uma oportunidade para as marcas – é uma responsabilidade enorme. À medida que a internet elimina as barreiras e delimitações que os seres humanos têm usado por séculos, as marcas assumirão este lugar em um papel de liderança ainda mais impactante. As marcas de e-commerce foram as primeiras a entender a internet, e serão as primeiras a assumir esse novo desafio.

A internet é uma tecnologia com a capacidade não apenas de mudar comércio, mas também de mudar a condição humana. Para aqueles de nós na vanguarda dessa mudança, este é o nosso desafio e a nossa missão.

Índice

"a missão", e engenheiros, 75-76
a si mesmo, empoderando, 40-43
"a vantagem é a desvantagem", 151
ação, 175-176, 183-184
agilidade, 171-172
AIM, 181
Akihabara, 56
Alemanha, 65, 97
Amazon, 60, 67, 84, 89, 114, 148, 152, 154
ame seu trabalho, 178-180
animação do mercado, 54
"apaixonadamente profissional", 58, 105-109
apaixonar-se por seu trabalho, 178-180
Apple, 66-67
aquisição, 13-14, 44, 61, 77, 81-98, 120-121, 157, 210
   após a, 96-97
   de talento, 85-86
   e a Rakuten, 81-83
   e fracasso, 93-96
   e novos clientes, 83-84
   fins da, 83-85
   métodos, *Veja* métodos de aquisição para o bem global, 98
   regras para, 81-98
Asakai, 120-121

Banco Industrial do Japão (IBJ), 1, 40, 43-44, 99, 107-108, 132, 177-178
beisebol, 14, 34, 202-210
   e "voluntários ecológicos", 205
   e *Baseball Entertainment Company*, 204
   e *Rakuten Golden Eagles*, 203-208
   e reciclagem, 208
Bene Bene, 127
"Beneller", 127
blogs, 127, 138, 148, 163, 165, 213
"bug do milênio", 131-132
Buy.com, 61, 84

caos, evitar, 35-39, 109-110
caridade, 214-217
"carnívoros", e administração, 70-71
cartões de crédito, 92, 222
centralização, e recursos humanos, 66-67
centros de pesquisa e desenvolvimento (P&D), 57, 112, 144
CEOs, 2, 6, 76, 88, 115-116, 136, 139, 161, 164, 169
   e mídia social, 115-116
cervejaria Yonayona, 161-163
chá de bolhas, 133-134
Chiba Lotte Marines, 207
China, 17-18, 22, 68-69, 127, 135, 216
cidade de Ishinomaki, 214-215

Cinco Princípios de Sucesso da Rakuten
   Veja Cinco Princípios do Sucesso
Cinco Princípios para o Sucesso (Rakuten), 57-58, 87, 101-119
   definição, 57-58
   e "apaixonadamente profissional", 105-109
   e *kaizen*, 101-105
   e rapidez! rapidez! rapidez!, 117-119
   e satisfação do cliente, 113-116
   e *shikumika*, 109
Cingapura, 22
CNN, 14
códigos de vestimenta, casuais, 27, 32
colaboração, 32-35, 61-62, 67, 79, 82, 87, 125-128, 149, 151, 211-213
   e a internet, 125-128
   e aquisição, 61-62
   e empoderamento, 32-35
combater o desperdício, 180-182
comércio meticulosamente selecionado, 105
comportamento tradicional corporativo (Japão), 1, 6, 85-8, 19-21, 34-35, 40-42, 63, 106
condição humana, melhoria da, 134-137
consumidor
   comunicação, 31-32
   empoderamento, 28-32, 45-46, 56, 89
   experiência, 53
   felicidade, 45-46, 89, 165-167
   satisfação, 58, 113-116
Contação de histórias, 26, 34, 82, 103-104, 135-136, 148-149
conveniência, e e-commerce, 140
conversa cruzada, 118-119
Coreia, 17-18, 22, 127
Costa do Marfim, 46
Crazy Cats, 107
"Crise Sputnik", 38
cultura corporativa, 99-121
   cinco princípios da, 101-119
   e o futuro, 120-121
   e o Modo Rakuten, 121
   planejamento, 99-100
   Veja os Cinco Princípios do Sucesso
Curva de Mikitani, 190-191

Darwin, Charles, 49
debate da comunidade, 209-210
desperdício, combate ao, 172-173, 180-182, 185-186
dinheiro
   natureza dinâmica do, 220-222
   negócios, como algo além do, 217-218
discovery shopping (shopping virtual de *descobertas*), 152-168
   camada social, 157-159

definição, 157-160
  e "encontrar-se com" comerciantes, 157
  e como as pessoas compram, 153-154
  e comunidade, 157
  e diversão, 161-163
  e engajamento, 165-166
  e entretenimento, 154-159
  e flexibilidade, 163-164
  e o Modo Rakuten, 168
  e singularidade, 157
  eficácia do, 161
  futuro do, 167-168
  mentalidade, 167
divertido, 161-164
Doshisha Women's College of Liberal Arts, 213

e-commerce, 22, 27-31, 43, 45, 59-60, 62, 64, 70, 71, 89, 91-93, 97, 104, 123-124, 127, 129, 131, 132, 134, 137-144, 147-149, 152-168, 213, 220, 222, 224
  e conveniência, 140
  e IBM, 29-30
  e mídia social, Veja mídia social
  e segurança, 140
  e valor, 140
  eficaz, 140-141
  regras do, Veja discovery shopping, shopping virtual de descobertas
"ecovoluntários", 205
Edison, Thomas, 103-104
elevadores, 185-186
empoderamento do fornecedor, 89
  Veja a história comerciante de arroz
empoderamento dos funcionários, 32-35
empoderamento, 25-47, 56, 89-90
  como estratégia essencial de negócios, 27
  de si mesmo, 40-43, 47
  definição da era das pontocom, 27, 32
  do fornecedor, 89
  dos consumidores, 28-32, 45-46, 56, 89
  dos funcionários, 32-35
  e a história do comerciante de arroz, 25-28, 31, 40
  e beisebol, 34
  e colaboração/projetos em equipe, 32-35
  e comunicação, 31-32
  e cultura da empresa, 89-90
  e estudar no exterior, 42
  e evitar o caos, 36-39
  e fracasso como algo impossível, 34
  e indicador-chave de desempenho, 36-37
  e inglesificação, 34, 41
  e metas, 38-41
  e métricas, 36-39
  e o Modo Rakuten, 47
  e o mundo, 43-46
  e piratas, 44-46
  e rede social interna, 37
  mentalidade, 41-43
empreendedorismo, 12, 40-43, 114-116, 123, 144, 206
engajamento, 165-166
engenheiros, 7, 11, 57, 74-78, 103-104

e "a missão", 75-76
e benefícios, 77
e motivações, 77-78
e recursos humanos, 74-78
e remuneração, 75-76
e trajetória de carreira, 76
e unidades de desenvolvimento (UDs), 74-75
entretenimento, 103-104, 129-132, 141, 154-159, 163-164, 179, 204, 206-208, 210, 213, 216, 223
era das lojas físicas, 92-93, 139, 165, 223
era das pontocom, 27, 32, 131
Escola de TI da Rakuten, 211
"Espectadores Tornando-se Participantes", 205
esportes, 2, 14, 34, 110, 172, 176, 195, 199-210
  beisebol, Veja beisebol
  e música, 206
  futebol, 172, 199, 208-209
  tênis, 2, 176
Estações Ecológicas, 205
Estados Unidos, 6, 9, 13, 15-16, 38, 42, 51-54, 61, 65, 68-69, 73, 84, 97, 132-134, 216
estratégia de longo prazo, 31, 39, 61, 75, 87, 96, 97, 174
estratégia de recursos humanos, 65-70
  e centralização, 66-67
  e hibridização, 69-70
  e localização, 68-69
estudo no exterior, 42
Europa, 50-54, 84, 120-121, 126-127, 195

"Faça algo bom, patrocinado pela Rakuten", 211
Facebook, 145, 149-150
federação, 51, 61-63
Filipinas, 17
flexibilidade, 163-164
fonte de informação primária, 52-54
Foursquare, 149-150
fracasso, como algo impossível, 34, 112, 184
França, 6, 13, 15, 65, 73, 77, 85

Gagarin, Yuri, 38
Gana, 46
gárgulas, 185-186
genialidade, 101-105
gerentes, e recursos humanos, 70-74
global
  bens, e aquisições, 98
  empoderamento, 43-44
  fatos, 52-54
  força de trabalho, Veja recursos humanos, globais
  histórias de sucesso, 55
  mentalidade, Veja mentalidade, global
  mídia, 14, 51-52
  notícias, 51-52
  produto, 55-58
  recursos humanos, Veja recursos humanos, globais
  tornar-se global, Veja internacionalização
globalização, 6-8, 22, 49-54, 78-79
Google, 105, 145
Google+, 145

ÍNDICE

Gottschalks, 29
Grande Terremoto de Hanshin-Awaji (1995), 2, 215
Grande Terremoto do Leste do Japão
 Veja terremoto e tsunami de Tōhoku
Grupo Rakuten, 175, 211

Harvard Business School (HBS), 15, 42, 173
HBS, *Veja Harvard Business School*
hibridização, e recursos humanos, 69-70
hierarquia, 8, 19-20, 34-35, 63, 69
história do comerciante de arroz, 25-28, 31, 40, 113
história do comerciante de ovos, 143, 147
história do peixeiro, 109-110
História do samurai Edo, 103-104
histórias de sucesso, globais, 55
Honjo, Shinnosuke, 43-44
HootSuite, 139
Hudson Bay, 29
humanidade, 78, 110, 120, 124, 128-131, 134-137, 144, 150, 153-154, 157-163, 165-168, 169, 184, 200-202, 219, 220-225

IBJ, *Veja* Banco Industrial do Japão
IBM, 29, 70
iCat, 32
Ichiba Japão, 71-72
Ichihara, Taisuke, 127-128
Ide, Naoyuki, 161-163
idioma chinês, 7, 42
idioma, *Veja* inglesificação, idioma japonês
Idioma Inglês, *Veja* inglesificação
iDog, 32
imperialismo, 51, 61-63
Índia, 12
indicador-chave de desempenho (KPI), 36-37
Indonésia, 22, 56, 62-63, 70, 150
inglesificação, 3, 5-22, 34-35, 41-42, 50, 70-71, 121
 como "força", 13-14
 desafios, 19-22
 e a primeira reunião de conselho, 17
 e comunicação instantânea, 9-12, 15-16
 e comunicação por telefone, 15-16
 e empoderamento, 34-35
 e expansão da mente, 41-42
 e experiência do autor, 9
 e *Harvard Business School*, 15
 e histórias pessoais de sucesso, 17-18
 e momento "eureca", 9-12
 e o Modo Rakuten, 22
 e perguntas, 16-17, 34-35
 e recrutamento, 70-71
 e ser humilhado, 20-21
 e treinamento, 10
 experiência da, 5-6
 impacto da, 15-18
 implementação da, 13
 motivos para, 7-8
 resultados da, 13-15
Ino Business High School (Província de Kochi), 213
inovação, e métricas, 192-194
inspiração, 206-208

instituições culturais, e retribuição, 201-210
 e debate da comunidade, 209-210
 e inspiração, 206-208
 e melhores práticas, 208-209
Instituto Rakuten de Tecnologia (RIT), 57, 112
internacionalização, 49-79
 e "federação", 61-63
 e marketing, 59-60
 e produto, 55-58
 e recursos humanos, *Veja* recursos humanos, globais
 e viagens, 52-54
 mentalidade, 51-54
internet, 3, 10, 22, 28-31, 45, 56-57, 60, 63, 70, 74, 78-79, 93-97, 104-105, 123-151, 161, 188-189, 211-214, 220-225
 como ciclo contínuo, 125-126
 definição, 124-125
 e a condição humana, 134-137
 e alegria, 129-132
 e colaboração, 125-128
 e compras, *Veja* e-commerce
 e conveniência, 140
 e design da página, 130-131
 e mídia social, *Veja* mídia social e rapidez, 132-134
 e o Modo Rakuten, 124, 151
 e segurança, 140
 e valor, 140
 futuro da, 150-151
 regras da, 123-151
shoppings, *Veja* shoppings na internet
intuição, 193-194
iPhone, 67
iPod, 103

Japão
 classificação do, no aprendizado do inglês, 22
 como nação insular, 7, 14, 22, 49-50
 e demografia, 83
 e linguagem, *Veja* língua japonesa e meios de comunicação locais, 51
 Veja comportamento corporativo tradicional
jogos, para tornar o trabalho divertido, 107-109, 178-180
JR East Consultants Company, 208

kaizen, 57, 102-105, 109, 113, 183-184
karaoke, 206
Keidanren, 138-139
Kennedy, John F., 38
Kleenex Stadium Miyagi, 205, 208
Kobe, 199-200, 208, 215
Kobo, 81, 84, 159, 199-200, 208-209, 215
KPI, *Veja* indicador-chave de desempenho
Kyoto Morisyou, 213

Liga do Pacífico, 203
limpeza na Rakuten, 88-89
Língua japonesa, 3, 5-20, 34-35, 41-3, 63, 70-71
 e hierarquia, 7-8, 19-20, 34-35, 63
LinkShare Corporation, 10, 84
LL Bean, 29
localização, e recursos humanos, 68-69

Machi-Raku Hokkaido, 213
Malásia, 56
marca como nação, 219-225
McDonald's, 68-69
melhores práticas, 208-209
melhoria contínua, 56-58, 101-105, 109, 113, 134-137, 183-184, 187
   como princípio de sucesso, 101-105
   e 0,01%, 187
   e 0,5%, 190-191
   e 1%, 103
   e a condiçao humana, 134-137
   e ações, 183-184
   Veja kaizen
melhoria de 0,5%, 190-191
melhoria de um centésimo de 1%, 187
mensuração da rapidez, 186-195
   e a Curva de Mikitani, 190-191
   e medição constante, 187
   e métricas, 191-195
   e previsão, 189
   e risco, 187-189
   Veja métricas de rapidez
mentalidade de serviço (*omotenashi*), 59-62, 147
mentalidade, global, 41-43, 51-55, 223-225
   como algo sem fronteiras, 41-43, 223-225
   e meios de comunicação estrangeiros, 51-52
   e histórias de sucesso, 55
   e viagens, 52-55
mentes sem fronteiras, *Veja* mentalidade global
mercados ao longo da história, 165-166
metas, 38-41, 173-175, 180, 184-185
métodos de aquisição, 85-95
   e a visão de longo prazo, 86-87
   e compatibilidade cultural, 87-90
   e sinergia de negócios, 90-93
métricas de rapidez, 191-195
   e inovação, 192-194
   e intuição, 192-194
   e modelos de referência, 194-195
   e tendências, 191-192
   Veja mensuração da rapidez
métricas, 35-39, 186-187, 189-195
   e empoderamento, 35-39
   para a qualidade, 190-191
   para rapidez, *Veja* métricas de rapidez
Microsoft, 29, 183
mídia social, 115-116, 138-151, 159, 167
   como "a nova fronteira virtual", 138-139
   como ferramenta de negócios, 139-142
   e comerciantes, 142-150
   e diversidade, 144-145
   e histórias pessoais, 148-149
   e liderança de pensamento, 116
mídia, 14, 22, 29, 51-52, 93-96, 164, 202, 223
Mikitani, Hiroshi
   curva, 190-191
   detalhes biográficos de, 1-4, 40-42, 132, 170, 177-178
   e ação, 12, 173, 175-176
   e aquisição, 81-83
   e empoderamento, 40-43
   e fotografias, 217

e liderança, 2
e metas, 173-175
e o idioma Inglês, 9
e omotenashi, 59-60
e quebra de regras, 1-4, 40-42, 105
e rapidez, 9-10, 170-173
e Twitter, 115-116
e viagens, 54
sobre quebrar regras, 1-4
"Mistério Rakuten", 74
Mitsubishi, 56
Mixi, 139, 145
modelo da "máquina de vendas automáticas", 124, 132, 137, 148, 151, 155, 159, 161, 165-166, 168
modelos de referência, 194-195
Modo Rakuten (*Rakuten Shugi*), 57-58, 66, 87-90, 97
   definição, 57-58, 87-90
   e aquisição, 98
   e cultura corporativa, 121
   e *discovery shopping* (shopping virtual de descobertas), 168
   e empoderamento, 47
   e inglesificação, 22
   e internet, 151
   e rapidez, 197
   e recursos humanos, 79
   e retribuição, 218
   e 3.0, 3
momentos "eureca!", 9-12, 101-102, 220

Nagashima, Shigeo, 204
Naito, Chie, 126-127
NASA, 38
negócios, como algo além do dinheiro, 217-218
Nestlé, 70
Netscape Communicator, 181
Nobeoka Commercial High School (província de Miyazaki), 213
notícias, globais, 51-52
Nova York, 15-16, 57, 67

o futuro, 28, 71-73, 96, 120-121, 145, 150-151, 167-168, 189, 219-225
   e a internet, 150-151
   e comércio sem fronteiras, 223
   e cultura da empresa, 120-121
   e descoberta, 167-168
   e dinheiro, 220-222
   e e-commerce, 28
   e mentes sem fronteira, 223-225
   e recursos humanos, 71-73
   e visão, 96
   medição para prever, 189
Ogawara Commercial High School (província de Miyagi), 213
Ohga, Norio, 206
Oka, Takahiro, 164
omotenashi (mentalidade de serviço), 59-62, 147
11 de setembro de 2001, 216
Orquestra Filarmônica de Tóquio, 206

P&G, *Veja* Proctor & Gamble
padronização, 3, 123

ÍNDICE

Panasonic, 70
parcerias público/privadas, 210-214
parcerias, 210-214
Paris, 15, 85
PEG, *Veja* Programa de Experiência Global
perfeição, 183-184
personalização, 3, 30-31, 40, 56, 157
perspectiva panorâmica, 177-178
pesquisa, 3, 146, 149, 155-157, 168
Pinterest, 104, 159
piratas, 44-46
plataforma tecnológica da Rakuten, 56-58
plataforma Tencho No Heya Plus+, 146
Play.com, 89-90
Pool de Recursos Globais, 72
prazos de rapidez, 182-184
prazos, que aprimoram a rapidez, 182-184
preparação, e sorte, 100
PriceMinister, 85
Princípios para o Sucesso (Mikitani), 97
Proctor & Gamble (P&G), 70, 74
produto, global, 55-58
profissionalismo, *Veja* "apaixonadamente profissional"
Programa de Experiência Global (PEG), 72
programa de marketing, global, 59-60
programa de revitalização "Machi-Raku", 213
Projeto Ecológico Rakuten & Vissel Kobe, 208

qualidade, 190-191
quebrar as regras, 1-4, 40-42, 105
Veja regras da Rakuten, o Modo Rakuten

Rakuichi Rakuza, 130
Rakuten
  como produto global, 55-57
  e histórias, 135-136
  e recursos humanos, *Veja* estratégia de recursos humanos
  e rede social interna, *Veja* Yammer
  e reuniões semanais com toda a empresa, 120-121
  e serviço, *Veja* omotenashi
  empresas de serviços financeiros, 91-93
  maneira, *Veja* Modo Rakuten
  plataforma tecnológica, 55-58
  regras, *Veja* regras da Rakuten
  sistema de e-mail, 97
  tamanho da, 64
  unidades de desenvolvimento, 74-75
Rakuten Bank, 92-93
Rakuten Card, 92
Rakuten Deutschland, 97
Rakuten Golden Eagles, 203-208
Rakuten Ichiba, 9-10, 74, 84, 93, 195, 211-213
Rakuten Shugi, *Veja* Modo Rakuten
rapidez, 58, 115-121, 132-134, 169-197
  corporativa, 180-186
  da inovação, 192-194
  definição, 171-173
  e agilidade, 171-172
  e cultura corporativa, 117-119
  e erros que ganham repercussão, 169
  e o Modo Rakuten, 197
  e rapidez! rapidez! rapidez!, 169
  e tendências, 191-192
  e velocidade, 171-172
  internet como uma ferramenta para, 132-134
  medição para, *Veja* medição da rapidez
  métricas para, *Veja* métricas de rapidez
  modelos de referência, 194-195
  municipal, 195-196
  pessoal, 173-174
  prazos de entrega, 182-184
rapidez corporativa, 180-186
  e gargalos, 185-186
  e o combate ao desperdício, 180-182
  e posições que sustentem a rapidez, 184
  e prazos de rapidez, 182-184
rapidez municipal, 195-196
rapidez pessoal, 173-180
  e ação, 175-176
  e apaixonar-se por seu trabalho, 178-180
  e definição de metas, 174-175
  e outras perspectivas, 177-178
recrutamento, 11, 35, 43, 57, 65, 70-78, 84-85, 110, 118, 126, 177, 206

recursos humanos (RH), globais, 63-78
  e engenheiros, 74-78
  e gerentes, 70-74
  estratégia, *Veja* estratégia de recursos humanos
rede social interna, 37, 118
  Veja Yammer
Regras da Rakuten
  sobre aquisições, *Veja* aquisições
  sobre cultura corporativa, *Veja* cultura corporativa; Cinco Princípios para o Sucesso
  sobre doar, *Veja* retribuição
  sobre e-commerce, *Veja* discovery shopping (shopping virtual de descobertas)
  sobre expansão, *Veja* internacionalização
  sobre funcionamento, *Veja* rapidez
  sobre internet, *Veja* Internet
  sobre marcas, *Veja* marca como nação
  sobre o idioma Inglês, *Veja* inglesificação
  sobre poder, *Veja* empoderamento
regras de expansão, *Veja* internacionalização
regras de funcionamento, *Veja* oportunidade de rapidez, 99-100
Regras de Ouro do Sucesso (Mikitani), 97
regras de poder, *Veja* empoderamento
regras, *Veja* regras da Rakuten, o Modo Rakuten
Reino Unido, 65, 89-90
reputação, perda da, 20
Restauração Meiji (meados de 1800), 53
retribuição, 199-218
  e o Modo Rakuten, 218
  negócios, como algo além do dinheiro, 217-218
  por meio da caridade, 214-217
  por meio de instituições culturais, 201-210
  por meio de parcerias, 210-214
reuniões, preparando-se para, 180-182
Revolução Industrial, 150
risco, mensurar o, 187-188
RIT, *Veja* Instituto Rakuten de Tecnologia

satisfação do fornecedor, 113-115
segurança, e internet, 140
ser humilhado, 20-21
serviço Rakuten, *Veja omotenashi*
serviços financeiros, e Rakuten, 91-93
shikumika (sistematizar), 58, 101, 109-112
   e diversão, 110
   e hipóteses, 110-112
   e prática, 110
   e validação, 110-112
Shima, Motohiro, 208
shoppings da internet, 3, 27-32, 54, 125-126, 128, 131
   e comunicação com os clientes, 31
   e emoção, 54
   e shoppings Rakuten, 29-32, 125-126, 132
   Veja discovery shopping (shopping virtual de descobertas)
shoppings Rakuten, 29-32, 125-126, 132
   Veja discovery shopping (shopping virtual de descobertas)
Síndrome de Galápagos, 49
sinergia de negócios, e aquisição, 90-95
sinergia, e aquisição, 90-95
sistema de pagamento na entrega, 62-63
Sistema de Reuniões da Rakuten, 180-182
sistematizar, *Veja shikumika*
site de viagens Rakuten, 213
sites, 170-171
solução ganha-ganha, 45-46, 93
Sony, 206
"sorte", 100, 187
SQL para Dummies, 30
Stickies, 139
sushi, 133

Tailândia, 6, 10, 65, 73, 150

Taiwan, 6, 10, 22, 65
Takagi, Koh, 114
Taketora, 136
talento, 14, 32, 39, 74-77, 84-85, 203, 218
TBS, *Veja* televisão (TV) Tokyo Broadcasting System, 93
"telefonema de dois minutos", 111-112, 184-185
"Tencho No Heya" ("sala do gerente da loja"), 141-142, 146
tênis, 2, 176
Terremoto e tsunami de Tōhoku (março de 2011), 21, 196, 206-208, 214-218
terremotos, 2, 21, 196, 206-208, 214-218
   Veja Grande Terremoto de Hanshin-Awaji, terremoto e tsunami de Tōhoku

Test of English in International Communication (TOEIC) 12-13, 18
TOEIC, *Veja Test of English in International Communication*
Tokyo Broadcasting System (TBS), 93-96, 202
Tóquio, 6, 27, 31, 54-57, 67, 73, 93, 97, 107, 127, 132-133, 202, 206, 220
Toyota, 56, 102, 104
tradições de terça-feira pela manhã
   limpeza das mesas, 88-89
   reuniões de toda a empresa, 120-121
Tradoria, 97
transparência, 76, 118, 140, 160, 203, 205
"3.0", 3
tsunamis, *Veja* terremoto e tsunami de Tōhoku
Twitter, 115-116, 138-139, 144-145, 202

UDs, *Veja* unidades de desenvolvimento
Ueki, Hitoshi, 106
União Soviética, 38
unidades de desenvolvimento (UDs), 74-75
Universidade Rakuten, 164
usuários finais, 53, 58, 113-116, 125, 135, 165

valor, 42, 60, 75-76, 90-91, 115, 140, 146-147, 210-211, 221
Vanilla Beans, 45
velocidade, 171-172
viagens, 52-54, 120-121
visão da Rakuten, 66
visão de longo prazo, e aquisições, 86-87
visitas presenciais, 119, 121
Vissel Kobe, 208-209

Walkman, 103
Wall Street Journal, 14, 132-133, 220
Walmart, 154
World Avenue, 29
World Wide Web, 28-29
   Veja internet

Yagi, Katsuhisa, 45
Yale University, 9
Yamagishi, Yoshihiro, 136
Yammer, 118-119, 181
Yumetenbo, 164

Zappos, 89, 113